클 라
미

클라우드의
미래에 투자하라

조종희, 최중혁 지음

디지털 트랜스포메이션을 주도하는
클라우드 비즈니스의
폭발적 성장과 투자의 기회

한스미디어

머리말
왜 클라우드에 투자하는가

2021년 2월 1일, 미국 최대 자동차 회사 중의 하나인 포드자동차와 미국 IT 업계를 이끌어가는 회사 구글은 전격적인 클라우드 파트너십을 발표했다. 이를 통해 포드자동차는 구글의 데이터 분석, 인공지능, 머신러닝 역량을 구글 클라우드를 통해 적용하여 고객들에게 첨단 사용자 경험을 제공할 수 있게 됐다. 전통 산업에서의 디지털 혁신이 클라우드라는 매개체를 통해서 전격적으로 확장되는 상징적인 장면이다.

미국 주식시장에서 시가총액 2~4위를 달리는 빅테크 기업들인 마이크로소프트, 알파벳(구글), 아마존은 클라우드 서비스를 회사의 핵심 사업으로 선정하고 엄청난 투자를 진행하고 있다. 왜일까?

클라우드 사업의 이익률이 다른 비즈니스에 비해 월등하기 때문이다. 소위 '황금알을 낳는 거위'와 같은 사업인 것이다. 특히 아마존의 경우 지난 수년간 보여줬던 엄청난 주가 상승의 원동력은 아마존의 상징이었던 이커머스 사업이 아니라 회사 이익의 대부분을 차지하는 클라우드 사업이었다.

또한 주로 SaaS(Software as a Service)로 불리는 클라우드 기반 소프트웨어 기업들은 지난 몇 년간 엄청난 매출 성장세와 주가 상승을 보였다. 구독 형태로 제공되며, 번거로운 업그레이드가 필요 없는 클라우드 기반 소프트웨어는 자체 하드웨어에 설치해야 하는 전통적 소프트웨어에 비해 효율성과 편리함에서 월등하기 때문이다.

하지만 이러한 클라우드 산업의 독특한 매력과 높은 성장성은 필자와 같은 관련 업계 종사자가 아닌 개인 투자자들에게는 상대적으로 덜 알려졌다. 클라우드 서비스는 개인보다는 주로 기업에 판매되고, 주요 클라우드 업체들도 주로 기업을 대상으로 사업을 하기 때문이다. 한국의 경우 클라우드 도입이 미국에 비해서 아직은 느린 속도로 진행되고 있어 클라우드 산업의 매력은 한국 독자들에게는 먼 나라 이야기일지도 모른다. 이와 같은 이유에서 미국의 산업 현장에서 클라우드가 이끄는 놀라운 혁신을 직접 체험한 필자는 조국인 한국에 클라우드 산업의 투자 대상으로서의 매력을 널리 알리고자 이 책을 집필하게 됐다.

이 책은 크게 다섯 부분으로 나뉜다. 1장에서는 클라우드 컴퓨팅이란 무엇인지, 그리고 클라우드 컴퓨팅의 기본적인 작동 원리를 설명했다. 클라우드 기업에 투자하려면 적어도 기본 원리는 이해할 필요가 있기 때문에, 기술적인 내용이지만 최대한 평이하게 설명했다.

2장에서는 지금의 클라우드 산업을 있게 한 일등공신인 아마존 웹 서비스(AWS)의 이야기를 다루었다. AWS의 시작은 자체 운영 지원을 위해 개발됐다가 외부 고객을 위한 사업으로 전환됐다는 점에서 다소 우연적인 측면이 있지만, AWS를 통해서 클라우드가 엄청난 비즈니스 기회가 된다는 것이 입증됐고, 마이크로소프트와 구글 등의 다른 IT 거인들이 클라우드 비즈니스에 뛰어드는 계기가 됐다.

3장에서는 클라우드 삼국지의 다른 두 축을 이루는 빅테크의 두 거인 마이크로소프트와 구글의 이야기를 정리했다. 마이크로소프트와 구글은 AWS에 비해서 클라우드의 출발이 다소 늦었지만, 막대한 투자와 공격적인 영업을 통해서 AWS와의 시장점유율 격차를 좁혀 나가고 있다.

4장에서는 다양한 산업 현장에서 적용되는 클라우드를 다루었다. 클라우드는 수많은 산업에서 적용되고 있지만, 이 책에서는 그중에서 엄선한 14가지 산업과 각 산업의 혁신을 주도하는 대표적인 클라우드 업체들을 소개했다. 4장에 소개한 클라우드 업체들은 각 산업의 디지털 트랜스포메이션을 주도하며 강력한 주가 상승을 보였다.

5장에서는 아직 초기 단계에 있지만 미래 잠재력이 높은 클라우드 스타트업들을 소개했다. 클라우드 기술과 큰 연관이 없을 것 같은 농업, 법률 등의 영역에서 어떻게 클라우드를 활용한 혁신이 시도되고 있는지 살펴보았다.

부록에서는 클라우드 산업을 다루는 상장지수펀드(ETF)에 대해 소개했다. 클라우드 산업을 이끄는 여러 기업에 골고루 나누어서 투자하고 싶을 때, 그리고 다양한 기업에 투자함으로써 위험을 분산시키고 싶을 때 ETF는 훌륭한 투자 방법이 될 수 있다. 이 책에서는 가장 널리 알려져 있는 3가지의 클라우드 전문 ETF를 소개한다.

이 책이 미래 IT의 핵심인 클라우드 산업 투자자들과 투자에 관심이 있는 분들에게 조금이나마 도움이 되길 바라며, 이 책이 나오기까지 많은 도움을 주신 한스미디어 관계자 여러분께 감사드린다. 마지막으로 지금의 필자가 있기까지 때로는 따스한 사랑으로, 때로는 엄격한 가르침으로 지혜롭게 인도해주신 부모님께 이 책을 바친다.

2022년 5월
미국 오하이오주 콜럼버스에서
조종희

"무궁화 꽃이 피었습니다."

2021년 9월 한국에서 제작된 드라마 〈오징어게임(Squid Game)〉이 넷플릭스 서비스를 이용하는 모든 나라에서 인기 순위 1위를 차지하며 전 세계를 강타했다. 드라마에서는 등장 인물들이 목숨을 걸고 '오징어게임'과 '무궁화 꽃이 피었습니다'를 포함한 총 6개의 게임에 참여해 456억 원의 상금에 도전한다.

드라마를 시청한 전 세계의 많은 사람들은 〈오징어게임〉에 등장한 게임에 흥미를 가졌다. 예전엔 게임을 하고 싶으면 직접 사람들을 모았겠지만, 팬데믹 시대에 사람들이 모여서 어린 시절을 추억하며 게임을 한다는 것은 상상하기 어렵다. 하지만 이젠 다른 방식으로 게임에 참여할 수 있다. 바로 '로블록스(Roblox)'에 접속하는 것이다.

로블록스는 레고 형태의 아바타를 통해 가상세계에 접속해 즐길 수 있는 게이밍 소셜 플랫폼이다. 메타버스(Metaverse)는 현실과 유사한 3차원(3D) 세계 인터페이스로 접속할 수 있는 범용 인터넷을 뜻하는데, 그 대표 사례로 꼽히는 로블록스는 이용자가 직접 게임을 제작하고 플레이할 수 있는 플랫폼 게임 프로그램이다.

로블록스에선 드라마 〈오징어게임〉이 공개된 지 보름도 채 지나지 않아 드라마에 나온 6가지 게임을 연상케 하는 약 300여 개의 게임이 올라왔다. 예전의 방식으로 게임 제작사가 출시했다면 불가능한 속도다. 정식으로 게임이 나올 때쯤이면 아마도 드라마의 인기는 이미 식었을 것이다. 하지만 이를 가능케 한 것이 바로 클라우드다. 클라우드 플랫폼을 통해서 실시간으로 유저들의 니즈를 채워주는 것이 가능하게 된 것이다.

클라우드는 4차 산업혁명 시대의 '은행'이다. 이제 하드웨어나 소프트웨어 등을 직접 만들어서 운영하지 않고 네트워크에 접속해 이용하는 기술인 클라우드를 빼놓고 더 이상 우리의 생활을 생각하기 어렵다. 코로나19 팬데믹이 세계를 휩쓸고 가고 나선 더욱 그렇다. 비대면 트렌드가 이어지며 재택근무 등에 따른 온라인 협업과 전자상거래, 원격학습, 콘텐츠 스트리밍이 급격히 늘었기 때문이다. 점차 처리해야 하는 정보가 방대해지고 관리가 쉽지 않을 뿐만 아니라

AI 음성 인식부터 IoT, 빅데이터, 5G, 보안, 블록체인 등 서비스에 적용해야 하는 기술이 방대해지자 기업들은 이 모든 것을 스스로 구축하는 것이 어려워졌다. 실리콘밸리의 테크 스타트업의 경우 직원들에게 지급되는 비용을 제외하면 가장 많이 들어가는 비용이 클라우드라고 하는 말이 결코 거짓이 아닌 것이다.

글로벌 IT 분야 리서치 기업 가트너(Gartner)는 2022년 전 세계 클라우드 산업이 차지하는 매출이 전년 대비 20.2% 늘어난 4,947억 달러(약 594조 원)로 성장할 것으로 내다봤으며, 2023년엔 그 규모가 6,000억 달러(약 720조 원)를 근접할 것으로 전망했다. 클라우드를 '한 번도' 이용하지 않은 회사는 있어도 '한 번만' 이용한 회사는 없다고 말해도 과언이 아닐 정도로 클라우드 산업의 미래는 매우 밝다.

필자는 저서 《트렌드를 알면 지금 사야 할 미국 주식이 보인다》를 통해 미국 '클라우드 인프라 산업·플랫폼 서비스'와 '클라우드 소프트웨어 서비스'의 트렌드를 독자들에게 소개한 바가 있다. 하지만 이 책 《클라우드의 미래에 투자하라》는 미국 클라우드 전문가와 함께 클라우드의 현재와 미래를 그보다 훨씬 깊이 있게 다룬 클라우드 전문서다. 이 책을 통해 클라우드에 생소한 독자들이 앞으로 더욱 거대해질 산업의 흐름을 잡고 투자의 기회를 마련하는 데 도움이 됐으면 하는 바람이다. 또한 국내의 클라우드 업계 종사자들이 글로벌 클라우드 트렌드를 이해하고 미래를 준비하는 데 조금이나마 역할을 하길 소망한다.

끝으로 출간을 지원해준 한스미디어 관계자 분들께 감사드리며, 항상 든든한 삶의 동반자인 아내와 아들 진우에게 사랑한다는 말을 전하고 싶다.

2022년 5월

미국 캘리포니아주 실리콘밸리에서

최중혁

목차

현지 전문가 인터뷰

5장 클라우드 혁신으로 보는 산업의 미래

1장

대세가 된
클라우드 컴퓨팅

2021년 2월, 아마존을 창업하여 세계적인 IT 기업으로 일구었던 제프 베조스(Jeff Bezos)는 은퇴를 발표한다.[1] 그의 후계자로 낙점된 앤디 재시(Andy Jassy)는 아마존의 클라우드 사업부인 AWS의 수장이었다. 이것은 미래 아마존의 핵심 사업이 아마존의 모태였던 이커머스가 아니라 클라우드임을 공개적으로 인정하는 신호로 받아들여졌다. 2021년 아마존의 전체 영업이익 중 74.5%는 AWS에서 발생했다.

이에 앞서 마이크로소프트의 사티아 나델라(Satya Nadella)는 2014년에 스티브 발머(Steve Ballmer)로부터 CEO 자리를 물려받았는데, CEO가 되기 전 그는 마이크로소프트의 클라우드 사업을 담당했다.[2] 그는 CEO가 된 후 마이크로소프트의 클라우드 사업을 키우는 데 총력을 기울였고, 이제는 윈도우즈나 오피스가 아닌 클라우드가 마이크로소프트의 주력 사업이 됐다.

과연 클라우드가 무엇이길래 세계적인 IT 거대 기업들의 미래 주력 사업으로 인정받고 있을까?

클라우드 컴퓨팅이란 무엇인가

클라우드 컴퓨팅이란?

클라우드 컴퓨팅은 인터넷을 통해 인터넷상의 가상화된 공간(이하 '클라우드')에 존재하는 서버, 스토리지, 데이터베이스 등의 컴퓨팅 자원에 접근해서 네트워킹, 소프트웨어, 데이터 분석 등의 컴퓨팅 서비스를 사용하는 것이다.

클라우드와 비교되는 전통적인 IT 컴퓨팅 환경은 온프레미스(On-Premise)라고 불리우며, 서버와 스토리지, 데이터베이스 등의 컴퓨팅 자원을 자체적으로 조달·설치 및 사용하는 것을 의미한다.

클라우드 컴퓨팅에는 크게 5가지 중요한 특징이 존재한다.

1) **필요할 때 사용하는 셀프 서비스(On-demand Self Service):** 클라우드 컴퓨팅 사용자는 각 클라우드 서비스 제공자와의 직접적 대면 접촉 없이 간단한 인터넷 인터페이스를 사용해서 컴퓨터 프로세싱, 스토리지, 네트워크 등의 클라우드 컴퓨팅 자원에 접근할 수 있다.

2) **광범위한 네트워크 접근성:** 클라우드 컴퓨팅 자원은 모바일 폰, 태블릿, 랩탑, 워크스테이션 등의 다양한 컴퓨터 및 모바일 기기 등을 통해 접근이 가능하다.

3) **컴퓨팅 자원의 공유:** 클라우드 서비스 제공자가 클라우드 컴퓨팅 자원을 동적 할당을 통해 공유하는 것은 클라우드 서비스 제공자들이 규모의 경제를 통해 고객들에게 보다 저렴한 비용으로 IT 서비스를 제공하기 위한 것이다.

4) **컴퓨팅 자원의 탄력적 적용:** 클라우드 컴퓨팅 사용자는 더 많은 컴퓨팅 자원이 필요한 경우 일시적으로 더 많은 자원을 할당받을

TIP **웹하드와 클라우드의 차이**

클라우드를 처음 들어보는 사람도 웹하드는 들어보았을 것이다. 웹하드는 아주 기본적인 클라우드 서비스의 일종으로서, 단순히 파일을 인터넷상의 특정 저장 공간에 저장하는 서비스를 지칭하지만, 클라우드는 단순한 파일 저장을 넘어서 컴퓨팅 환경과 관련 서비스를 인터넷 환경에서 제공하는 것을 의미한다.

수 있고, 그렇지 않은 경우 남는 자원을 반납할 수 있다.

5) 사용량 측정에 따른 과금: 클라우드 컴퓨팅 사용자는 컴퓨팅 자원의 사용량에 따라서 비용을 지불하게 된다.

클라우드 컴퓨팅의 역사: 미국 국방성에서 아마존까지

1963년, 미국 국방성 소속의 DARPA(Defense Advanced Research Projects Agency)는 처음으로 복수의 사용자가 컴퓨팅 환경을 공유하는 원시적인 클라우드 컴퓨팅의 개념을 구현했다. 1969년에는 ARPANET(Advanced Research Projects Agency Network)이 개발됐는데, 이것이 현대 인터넷의 시초다. 1970년대에는 실제 컴퓨터와 같은 컴퓨팅 환경을 가상에서 구현하는 가상화의 개념이 도입되기 시작했다.

1990년대 들어 인터넷의 본격적인 도입과 함께 가상화 컴퓨팅의 개념도 인기를 얻게 됐는데, 에모리 대학의 람나스 첼라파 교수가 1997년에 새로운 컴퓨팅 패러다임으로서의 클라우드 컴퓨팅을 정의하며 이후 '클라우드 컴퓨팅'이라는 용어가 본격적으로 쓰이게 됐다.

1999년 또한 의미 있는 해다. 클라우드 기반 CRM을 표방하는 세일즈포스(Salesforce.com)가 창립됐기 때문이다. 당시 웹사이트를 통해 기업용 소프트웨어를 사용한다는 개념이 없었기 때문에 세일즈포스의 등장은 새로운 비즈니스 소프트웨어의 혁신으로 주목받았다.

또 한번 클라우드 업계의 변화를 가져온 것은 아마존이다. 아마존은 2006년 클라우드 서버에서 고객의 애플리케이션을 구동하는 EC2(Elastic Compute Cloud)와 사용량에 비례해서 스토리지 서비스 가격을 책정하는 S3(Simple Storage Service)를 연달아 내놓으며 클라우드 사업에 본격적으로 뛰어들었다.

클라우드 컴퓨팅이
꼭 필요한 7가지 이유

우리는 클라우드가 대세라는 말을 언론을 통해 수없이 들어왔다. 글로벌 기업들이 클라우드에 많은 비용을 투자한다는 소식도 쉽게 접할 수 있다. 앞서 컴퓨팅이 무엇인지, 그리고 어떻게 만들어졌는지 이해했지만, 왜 필요한지 또한 궁금할 것이다. 독자들을 위해 클라우드 컴퓨팅의 7가지 장점을 정리했다.

1) **비용 절감**: 클라우드 컴퓨팅을 사용하면 하드웨어 및 소프트웨어를 구입하고 온사이트(하드웨어 및 소프트웨어 유지 보수 서비스) 데이터 센터를 설치 및 운영하면서 발생하는 지출을 줄일 수 있다. 서버 랙, 전원 및 냉각에 사용되는 전기료, 인프라 관리를 위한 IT 전문가 인

건비 등의 비용 등도 절감된다.

2) 속도 향상: 대부분의 클라우드 컴퓨팅 서비스는 주문형 셀프 서비스로 제공된다. 따라서 많은 양의 컴퓨팅 리소스도 대부분 몇 번의 마우스 클릭으로 수 분 만에 설정될 수 있어 기업에게 높은 유연성이 제공되며 기업은 컴퓨팅 용량 계획에 대한 부담을 덜 수 있다.

3) 확장성: 탄력적인 컴퓨팅 환경의 확장은 클라우드 컴퓨팅 서비스의 큰 이점 중 하나이다. 클라우드의 장점은 필요한 때에 적절한 지리적 위치에서 필요한 양의 컴퓨팅 성능, 스토리지, 네트워크 대역폭 등의 IT 자원을 제공할 수 있다는 것이다.

4) 생산성: 일반적으로 온사이트 데이터센터에는 하드웨어 설치, 소프트웨어 패치 및 시간이 오래 걸리는 기타 IT 시스템 관리 작업 등 많은 대규모 작업이 필요하다. 클라우드 컴퓨팅을 사용하면 이러한 작업의 상당수가 불필요해지므로 IT 팀은 보다 중요한 비즈니스 목표를 달성하는 데 시간과 노력을 더 많이 투자할 수 있다.

5) 성능: 클라우드 컴퓨팅 서비스는 여러 곳에 위치한 보안성을 갖춘 데이터센터 네트워크에서 실행된다. 이러한 데이터센터는 최신 세대의 빠르고 효율적인 컴퓨팅 하드웨어로 정기적으로 업그레이드된다. 따라서 개별 기업이 보유한 데이터센터와 비교하면 애플리케이션의 네트워크 대기 시간 단축과 더 큰 규모의 경제 등 몇 가지 이점이 제공된다.

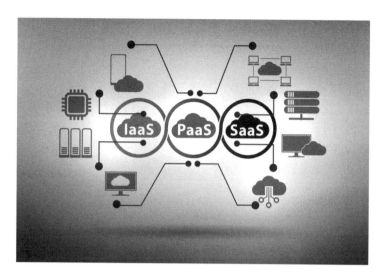

6) **안정성**: 클라우드 컴퓨팅을 사용하면 클라우드 공급자 네트워크의 여러 사이트에 데이터를 미러링할 수 있으므로 데이터 백업, 재해 복구 서비스 및 비즈니스 연속성을 더 쉽게 제공할 수 있으며 비용도 적게 든다.

7) **보안**: 많은 클라우드 공급자가 전체적인 보안 태세를 강화하는 광범위한 도구, 기술 및 통제를 제공하여 데이터, 애플리케이션과 관련 인프라를 잠재적인 위협으로부터 보호할 수 있다.

클라우드 컴퓨팅 서비스 모델

클라우드 컴퓨팅 서비스 모델은 크게 3가지로 구분할 수 있다.

1) IaaS(Infrastructure as a Service): 네트워크, 스토리지, 서버와 같은 가장 기본적인 컴퓨팅 자원을 제공한다. 이용자 입장에서는 사용량이 급격히 변동하더라도 데이터센터를 추가로 구축할 필요 없이 비용 지불만을 통해 탄력적으로 운용할 수 있다. 아마존의 AWS, 마이크로소프트의 애저(Azure), 구글의 구글 클라우드가 대표적이다.

2) PaaS(Platform as a Service): 클라우드상에서 소프트웨어 개발을 위한 플랫폼을 제공한다. 소프트웨어 개발자를 위한 것으로 다양한 API(Application Programming Interface)를 제공하여 용이한 개발 환경을 의미한다. 통상적으로 IaaS 서비스 사업자가 PaaS도 함께 제공한다.

3) SaaS(Software as a Service): 온라인 형태로 제공되는 소프트웨어·애플리케이션이다. 별도의 설치 또는 패치·업그레이드 없이 바로 이용이 가능하기 때문에 시스템 구축 비용과 시간을 크게 단축하는 것이 가능하다. 대부분의 일반 소비자들이 접하게 되는 서비스로, 구글의 지메일(Gmail), 마이크로소프트의 오피스365(Office365), 네이버 클라우드 등이 대표적인 예다.

■ 클라우드 서비스 모델의 비교

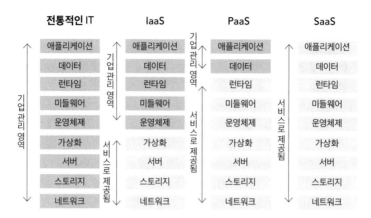

자료: 마이크로소프트, 교보증권 리서치센터

🔷 엣지 컴퓨팅이란?

클라우드 컴퓨팅과 상호 보완적인 개념으로 자주 등장하는 단어가 엣지 컴퓨팅(Edge Computing)이다. 엣지 컴퓨팅은 데이터를 클라우드 데이터센터가 아니라 최종 사용자 주변의 네트워크 엣지에서 수집 및 처리하는 것을 의미한다.

엣지 컴퓨팅의 가장 큰 장점은, 데이터를 클라우드 데이터센터가 아닌 로컬, 즉 네트워크의 '엣지'에서 처리하므로 지연 시간(레이턴시)과 대역폭 요구사항이 최소화된다는 것이다. 덕분에 최종 사용자들이 사용하는 각종 도구에 대한 피드백 제공과 의사 결정을 거의 실시간으로 진행할 수 있다.

요즘 엣지 컴퓨팅이 많이 쓰이는 분야는 사물인터넷(IoT)이다. IoT에 쓰이는 프로세서들은 지능형 센서 형태로 IoT 기기에 내장된다. 예를 들면 공장의 중장비에도 탑재가 가능하다. 중장비 근처에 있는 엣지 서버는 각 기계의 데이터를 처리하는 한편 오작동이 사고로 이어질 가능성이 있을 시 관리자에

■ 엣지 컴퓨팅 개념도

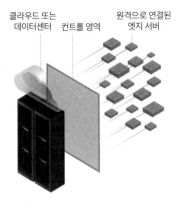

클라우드 또는   원격으로 연결된
데이터센터 컨트롤 영역   엣지 서버

자료: 엔비디아

클라우드의 미래에 투자하라

게 경고를 보내기도 한다.

엣지 컴퓨팅이 제공하는 상시적이고 즉각적인 피드백은 자율주행 차량 운영에도 특히 중요하다. 데이터 처리와 반응 시간을 고작 0.1초 절감하는 것만으로도 위급한 상황에서 사고를 모면할 수 있기 때문이다.

엣지 컴퓨팅의 경우 인터넷이 항상 연결되어 있을 필요는 없다. 인터넷 연결이 없이도 기기가 자체적으로 데이터를 처리하고 필요한 결정을 내릴 수 있다. 예를 들어 로봇용 엣지 AI 애플리케이션은 로봇에 내장된 마이크로프로세서로 구동되며 데이터를 실시간으로 처리해 얻은 결과를 장치에 로컬로 저장한다. 그리고 로봇은 일정 간격을 두고 인터넷에 접속해 보관용 또는 추가 처리용 데이터를 클라우드로 전송하게 된다. 로봇이 구동되는 곳이 엣지가 아니었다면 데이터를 클라우드에 쉴 새 없이 스트리밍하느라 배터리가 혹사당하고 데이터 처리에는 더 긴 시간이 걸리며 인터넷 연결도 지속적으로 필요했을 것이다.

엣지 컴퓨팅은 단독으로 사용될 수도 있지만 보통 클라우드 시스템과 상호 보완적으로 같이 사용되는 경우가 많다. AWS, 마이크로소프트 애저, 구글 클라우드와 같은 메이저 클라우드 인프라 서비스 회사들은 모두 엣지 컴퓨팅 관련 솔루션을 함께 제공하고 있다.

2장

클라우드의 거인
'아마존 웹 서비스
(AWS)'

현재 클라우드를 대표하는 기업을 단 하나만 꼽으라면, 클라우드 업계 종사자들은 한결같이 아마존 웹 서비스(AWS)를 꼽는다. AWS는 세계에서 가장 널리 사용되는 퍼블릭 클라우드 플랫폼이기 때문이다. 클라우드 산업을 이해하려면 클라우드를 본격적인 비즈니스로 발전시킨 일등공신인 아마존 웹 서비스를 빼놓을 수 없다.

AWS는 어떻게 클라우드 제국의 승자가 되었나

AWS의 우연한 시작

1994년 서점으로 시작한 아마존은 1998년 음반과 비디오 판매를 시작으로 주력 상품인 책을 넘어 다양한 품목으로 판매 영역을 확장했다. 사업의 규모가 커지자 아마존 내부의 데이터베이스와 스토리지 등의 기존 이커머스 인프라에 대한 불만이 사내 여기저기서 쏟아지기 시작했다. 제프 베조스와 그의 심복이었던 앤디 재시는 아마존의 IT 개발 프로세스를 자세히 살펴본 후, 높은 확장성과 신뢰성을 갖는 IT 인프라에 관한 필요성을 절감했다.

그와 동시에, 아마존의 외부 파트너들도 비슷한 불만의 목소리를 쏟아놓기 시작했다. 여러 명의 파트너사 CEO들은 아마존이 IT 인프라, 특히 데이터 웨어하우스 분야를 개선해야 한다고 조언했던 것이다. 폭발적인 인터넷 성장에 비해 그것을 뒷받침하는 인프라는 항상 뒤처졌고, IT 인프라를 업그레이드하는 데는 많은 비용이 들 뿐 아니라 관리하는 것도 점점 복잡해지는 상황이었다. 전 세계적인 스케일로 사업을 확장하기 위해 필요한 추가적인 서버의 수량을 제대로 예측할 수 있는 사람은 아마존 내에 거의 없었다.

이러한 상황의 심각성을 인지한 베조스와 재시는, 보다 향상된 IT 인프라 서비스의 구축을 회사의 성장을 위한 최우선 과제 중 하나로 결정한다. 급격한 비즈니스의 확장을 쫓아가느라 아마존의 애플리케이션 플랫폼은 복잡하게 얽혀 있는 상황이었고, 이를 해결하기 위해 애플리케이션 간의 효과적인 소통을 위한 소프트웨어 도구인 API를 도입하기로 결정한 것이다. API를 활용해서 아마존의 파트너들은 자유롭게 아마존에서 사용할 애플리케이션을 개발할 수 있게 됐고, 새로운 API를 사용한 고객들의 구매 비율이 평균 30% 늘어나게 됐다.

이러한 상황과 맞물려, 아마존 웹 서비스는 아마존 내의 스타트업 조직으로 탄생했다. 앤디 재시는 이 사업을 위한 새로운 조직을 요청했고 이것은 AWS OP1(Operating Plan 1)이라고 불리는 AWS 최초의 사업계획서가 됐다. 이 조직의 미션은 아마존에서 자체적으로 구축한 클라우드 플랫폼 기반으로 개발자들이 그들의 시스템을 구축하도록 설계하는 것이었다. 이 조직은 새로운 클라우드 인프라 서비스 마켓을 바라보는 스타트업과 같은 입장에서 스스로 질문을 던졌다.

- 이 사업은 앞으로 아마존 비즈니스의 중요한 부분이 될 가능성이 있는가? *YES!*
- 마켓에서는 지금까지 출시된 솔루션보다 더 나은 솔루션을 원하는가? *YES!*
- 아마존은 성공적인 클라우드 제품을 만들 능력이 있는가? *YES!*
- 아마존은 이 시장에서 차별화된 경쟁우위를 지속할 수 있는가? *YES!*

이 모든 질문의 답을 확인한 후, 아마존은 57명으로 조직된 웹 서비스 팀을 출범시켰다. 이 팀이 처음에 내려야 했던 중요한 결정은 '스토리지 서비스, 계산 서비스, 데이터베이스 서비스 등 각각의 개별 서비스로 시작할 것인지'와 '3가지 서비스를 합친 통합적 솔루션을 시작할 것인지' 판단하는 것이었다. 대부분의 개발자는 3가지 솔루션 전부를 필요로 했고, AWS는 이 모두를 통합하는 플랫폼적 전략을 취했다. 2006년 3월의 일이다.

AWS의 폭발적인 성장

AWS는 광고나 프로모션을 거의 하지 않았다. 그 대신, AWS의 성장은 개발자들 사이에 퍼진 입소문으로 이루어졌다. 수천 명의 개발자들은 AWS에 몰려가서 다양한 작업을 수행했고 곧 AWS에 그들의 요구사항을 쏟아내기 시작했다. 대표적인 요청은 대기열 처리(Queuing), 알림 서비스(Notification), 검색(Search), 컨텐트 딜리버리 네트워크(CDN: Content Distribution Network) 등이었고 AWS는 주요 고객이자 사용자들이었던 개발자들의 만족을 위해 그들의 피드백을 최대한 반영했다.

당시 AWS의 가격은 소프트웨어를 서버에 직접 설치해 쓰는 방식인 전통적인 온프레미스 인프라 회사(IBM, HP, EMC 등)들과 비교해 20~30% 수준밖에 안됐다. 한편으로, 이런 저렴한 가격으로 테크 인프라 마켓 사이즈를 결국 감소시킨다는 우려가 있지는 않았을까? 앤디 재시를 비롯한 AWS 경영진은 그렇게 생각하지 않았다. 새로운 사용자들이 마켓에 유입될 것으로 믿었고, 실제로 그렇게 됐다.

하드웨어 가격의 하락에 따라, AWS는 2008년부터 2014년 사이에 총 42차례의 가격 인하를 단행했다. 클라우드 서비스 가격의 하

클라우드의 미래에 투자하라

락 폭이 하드웨어 가격의 하락 폭에 비해 적다는 비판도 있었지만, 이러한 가격 인하는 기존 고객의 유지와 신규 고객의 유치에 모두 도움을 줬다.

AWS는 대기업과 중소기업 모두에게 상당한 인기를 끌었다. 대기업들은 AWS가 기존의 온프레미스와 비교해 운영 방식이 간단하고 비용이 저렴하며, 신경 써야 할 것이 적기 때문에 선호했다. 중소기업들은 고성능 IT 인프라를 갖추는 것이 부담되기 때문에 편하게 사용할 수 있는 AWS를 선택했다.

AWS가 고객들에게 가져다준 다른 효과는 혁신을 촉진해주는 것이었다. 고객사의 개발자들은 서버 구입에 대한 부담 없이 빠른 속도로 새로운 아이디어들을 실험해볼 수 있었다. 필요한 경우 바로 수천 개의 서버 용량을 동시에 사용할 수 있었기 때문이다. 만약 그 실험이 실패하면, 서버 용량은 AWS에 반납하기만 하면 됐다.

AWS의 성공을 목격한 오라클, IBM, HP 등 전통적인 IT 거인들도 클라우드 사업에 뒤따라 뛰어들었다. 후발 주자들은 온프레미스와 클라우드를 결합한 하이브리드 모델을 주로 사용했다. 전통적인 온프레미스 시스템의 수입을 포기할 수 없었기 때문이다. 동시에 이들은 아마존이 전통적인 기업용 시장에서의 IT 편 요구사항을 잘 모른다고 주장했다. 하지만 AWS의 순수 클라우드 모델은 시장에서 힘을 계속 얻어갔다.

■ **AWS S3 클라우드 스토리지 서비스의 데이터 처리 능력 성장 추이**

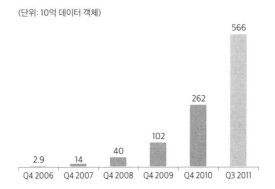

(단위: 10억 데이터 객체)

2.9	14	40	102	262	566
Q4 2006	Q4 2007	Q4 2008	Q4 2009	Q4 2010	Q3 2011

＊ AWS의 초기 성장기인 2006~2011년에 AWS 데이터 처리 능력은 폭발적인 성장을 거듭했다.

자료: AWS[1]

2008년에 발발한 글로벌 금융위기는 오히려 AWS에게 기회였다. 기업들은 IT 비용 구조에 대해 면밀한 검토에 들어갔고, 클라우드 모델이 IT 운영 비용을 절감할 수 있다는 결론에 도달했기 때문이다. AWS의 수장 앤디 재시는 당시의 불황 덕분에 IT 업계의 클라우드 전환이 2년 이상 앞당겨졌다고 평가했다.

2012년에는 AWS re: Invent라고 불리는 AWS 개발자들을 위한 콘퍼런스가 시작됐다. 이후로 매년 개최되는 이 행사는 3만 명 이상이 참석하는 대형 콘퍼런스로 성장했다. 기업용 클라우드 업계를 창조하고 선도해왔던 AWS가 개최하는 콘퍼런스답게 클라우드 업계 콘퍼런스 중에서는 양과 질 모두 최고로 꼽힌다.

■ 제프 베조스에 이어 AWS 사업을 이끌고 있는 앤디 재시 아마존 CEO

자료: <연합뉴스>

AWS는 2013년 최초의 클라우드 전용 데이터 웨어하우스인 레드시프트(RedShift)를 출시했다. 빅데이터 처리에 최적화된 레드시프트는 레드(당시 데이터베이스의 최강자 오라클을 상징)로부터 결별하고 AWS로 전환하라는 의미를 담고 있었고 곧 AWS의 대표적인 서비스로 성장했다. 같은 해에는 미 중앙 정보국(CIA)의 프라이빗 클라우드 계약을 IBM을 제치고 수주하는 데 성공했다. AWS의 클라우드 오퍼링과 기술 자체가 우월했기 때문이다. IBM은 전통적인 정부 관련 프로젝트의 강자로 군림해왔는데, IBM을 제치고 이런 대규모 정부 계약을 따냈다는 것은 공공 부문에서도 AWS의 입지를 한층 강화해주는 계기가 됐다.

확고한 마켓 리더로 등극한 AWS

AWS는 폭발적인 성장을 거듭하며 출시 10주년을 맞은 지난 2016년에는 월간 사용자 100만 명을 돌파했고 대표적인 클라우드 스토리지 서비스인 S3는 순간 처리 용량 초당 100만 회를 돌파했다. 또한 같은 해인 2016년에 연간 매출 100억 달러를 돌파했는데, 기업용 IT의 거인 마이크로소프트와 오라클이 각각 22년과 23년 걸려 동일한 매출에 도달한 것과 비교해 엄청나게 빠른 속도이다. AWS의 분기별 매출은 2014년 1분기에 10억 달러였는데 2021년 2분기에

■ 아마존 AWS의 분기별 매출 추이

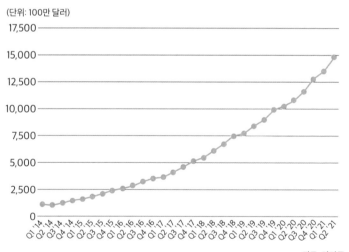

자료: 아마존

클라우드의 미래에 투자하라

는 15배가 증가한 150억 달러를 기록했다.

AWS는 2010년대 후반까지도 퍼블릭 클라우드 인프라 마켓의 절반 이상을 차지했지만, 마이크로소프트와 구글을 비롯한 경쟁자들의 추격으로 2022년 1분기 기준 시장점유율은 33%(시장조사업체 카날리스 기준)까지 하락했다. 하지만 시장에서의 1위 위치는 견고하다.

■ **2020년 기준 업체별 클라우드 마켓에서의 포지션**

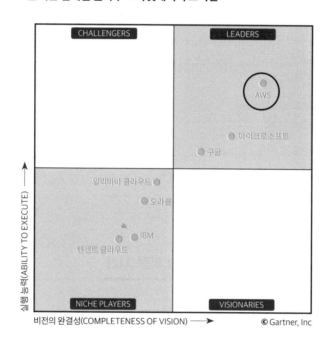

※ IT 컨설팅 회사인 가트너에서 발행한 시장조사 보고서를 보면 우측 상단으로 갈수록 마켓에서의 위치가 선도적이다.

자료: 가트너

AWS의 주요 서비스와
적용 사례

AWS는 기본적인 클라우드 인프라를 제공할 뿐만 아니라, 다양한 영역에서 사용자들을 위한 수십 가지 전문화된 서비스를 제공하고 있다. 또한 AWS는 업계 1위 서비스답게 세계적인 회사들이 널리 사용하고 있다.

AWS 실제 적용 사례

넷플릭스(Netflix): 전 세계 구독자를 위한 안정적인 서비스 구축에 기여하다

넷플릭스는 전 세계 190여 개국에서 2억 명이 넘는 시청자들에

■ AWS 대표 서비스

서비스	분류	내용
EC2	연산	클라우드상에서 연산을 위한 가상화 서버를 제공하는 AWS의 기본적 서비스로 필요에 따라 유연하게 가상화 서버의 사용량을 조절할 수 있다.
S3	스토리지	클라우드상에서 데이터를 저장하는 AWS의 대표적인 스토리지 서비스로 필요에 따라 손쉽게 확장 가능하다.
오로라 (Aurora)	데이터베이스	클라우드 전용 고성능 관계형 데이터베이스로 MySQL 및 PostgreSQL과 호환된다.
레드시프트 (Redshift)	데이터베이스	대용량 데이터 분석에 최적화된 클라우드 전용 데이터 웨어하우스이다.
람다 (Lambda)	서버리스	서버를 셋업하거나 관리할 필요 없이 바로 코드를 수행할 수 있는 서비스로 사용자는 프로그램 코드만 만들면 이용 가능한 것이 장점이다.
VPC	인프라	AWS 클라우드 안에서 논리적으로 독립된 가상 프라이빗 네트워크 생성한다.
세이지메이커 (SageMaker)	머신러닝	머신러닝 모델을 신속하게 개발 및 훈련과 구현이 가능한 개발자와 데이터 과학자를 위한 서비스이다.
수메리안 (Sumerian)	AR/VR	웹/모바일 브라우저 기반의 3D, 증강현실(AR), 가상현실(VR) 애플리케이션을 구현할 수 있도록 해주는 서비스이다.

게 영화, 드라마, 다큐멘터리 등의 다양한 콘텐츠를 제공하는 세계 최대의 온라인동영상서비스(OTT) 중 하나이다. 넷플릭스는 데이터 베이스, 분석 프로그램, 추천 시스템, 비디오 영상 처리 등의 거의 모든 컴퓨팅 자원을 AWS를 통해 사용한다. 필요한 컴퓨팅 니즈에

따라 자유롭게 서비스의 규모를 조절할 수 있는 AWS의 유연성과
확장성은 컴퓨팅 수요가 탄력적으로 변하는 넷플릭스에게 아주 중
요한 강점을 제공한다.

전 세계에 걸쳐 있는 AWS의 네트워크는 전 세계에 골고루 퍼져
있는 넷플릭스 구독자들에게 안정적인 서비스를 제공하는 데 큰 도
움을 준다. 최근 넷플릭스는 지역적인 위치에 상관 없이 넷플릭스
소속 아티스트와 파트너들이 기술적이나 지역적 장벽을 넘어서 자
유롭게 협업할 수 있도록 AWS를 통해 가상 스튜디오를 구현했다.

맥도널드: AWS가 무슨 햄버거를 먹으면 좋을지 결정해준다고?

드라이브스루를 통해 음식을 주문하는 것은 편리하긴 하지만 때
로는 선택이 어려울 때도 있다. 당장 주문 차례가 돌아왔을 때, 빠
른 시간 내에 수많은 메뉴 중에 원하는 메뉴를 결정해야 하기 때문
이다. 만약 드라이브스루에서 줄을 섰을때 나만을 위한 메뉴 추천
을 받는다면 어떨까? 이럴 경우 최선의 결정을 내릴 수 있을 뿐만 아
니라 기존에 몰랐던 새로운 메뉴를 발견하게 될 수도 있다.

이는 맥도널드가 새롭게 시도하는 소비자 경험이다. 맥도널드는
이 같은 새로운 서비스를 위해 데이터 관리 및 머신러닝과 관련된
AWS 서비스를 적극적으로 활용하고 있다. 맥도널드는 과거의 주문
데이터, 위치, 시간 등의 정보를 취합해서 실시간으로 고객에게 메

뉴를 추천한다.

전통적인 드라이브스루 소비자 경험을 새롭게 바꾸는 것은 첨단 기술을 적극적으로 활용하려는 맥도널드의 글로벌 전략의 일부이다. AWS와 함께 맥도널드는 고객을 위한 다양한 디지털 서비스를 계속 개발 및 수행하고 있다. 여기에는 곧 출시 예정인 맥도널드 리워드 프로그램도 포함된다.

삼성전자: 오라클 데이터베이스를 AWS로 전환하여 유지 비용 44% 절감

삼성전자는 매출 기준 세계 2위의 IT 기업답게 다양한 삼성 디바이스와 서비스에서 사용되는 10억 개가 넘는 삼성 계좌 사용자가 있다. 이 사용자 데이터베이스가 점점 거대해짐에 따라, 삼성은 10여 년 전에 구축했던 오라클 레거시 데이터베이스에서 좀 더 유연한 클라우드 기반 데이터베이스로 이전하기로 결정을 내렸고 AWS의 오로라(Aurora) 데이터베이스를 선택했다.

전체 데이터베이스는 EU, 미주, 중국의 3개 메이저 영역으로 나뉘어져 있었고 각 영역의 용량은 2~4테라바이트(TB) 사이즈에 달해 엄청난 규모의 마이그레이션(Migration: 더 나은 운영 환경으로 옮겨가는 것을 뜻하는 IT 용어)이었지만 AWS 데이터 마이그레이션 서비스(Data Migration Service)를 활용하여 각 영역의 데이터를 복사하는 데

3~4일 만에 끝낼 수 있었다. 덕분에 삼성의 모든 영역을 오로라로 전환하는 데 22주밖에 걸리지 않았다. 전환 이후, 월간 데이터베이스 유지 비용은 44%나 절감되는 성과를 내었다. AWS에는 사용한 만큼만 비용을 지불하고 오라클에 내던 비싼 라이센스 비용을 낼 필요가 없게 됐다.

BMW: 인공지능 번역 기능을 활용하여 다중언어 비즈니스 솔루션 개발

독일의 세계적인 자동차회사 BMW는 AWS에서 제공되는 인공지능 기반의 아마존 번역기(Amazon Translate)를 사용해서 독일어를 30개의 다양한 언어로 자동으로 번역한다. 이 솔루션을 통해, 전 세계에 있는 공급 업체와 생산 근로자들은 중요한 정보를 실시간으로 자국의 언어로 받아 볼 수 있다. "아마존 번역기가 없었다면 현재와 같은 효율적인 전 세계적 생산 시스템을 공유하는 건 불가능했을 것"이라고 BMW의 생산 기술 표준화 담당 임원 파비안 스리켈(Fabian Schrickel)은 이야기한다.

아마존 번역기는 단순한 번역을 제공할 뿐만 아니라 개발자들이 머신러닝에 의한 번역을 보다 효율적으로 통제할 수 있는 기능을 제공한다. 해당 회사에서 이미 주로 쓰이는 단어와 표현들을 사용해서 번역의 결과물을 최적화하는 것이다. 덕분에 회사 및 협력업체

직원들은 보다 익숙한 번역을 이용할 수 있다.

🌥️$ 월가의 뷰

아마존의 대부분 매출은 리테일 부분에서 나오지만, 이익의 대부분은 AWS
에서 나온다. 게다가 AWS의 매출과 이익 성장률이 리테일보다 훨씬 높다.
AWS는 700억 달러의 매출에 육박하는 대형 비즈니스임에도 불구하고 여
전히 연평균 30%가 넘는 고성장을 유지하고 있으며 운영 마진은 30%에 육
박한다(AWS 사업부의 2021년 연간 영업이익률 29.8%).
미국 투자은행 JP모간체이스의 더그 안무스(Doug Anmuth) 애널리스트는
AWS가 계속해서 아마존의 성장을 견인할 것이라고 전망한다. AWS는 클라
우드 업계에서 여전히 최강의 위치를 유지하고 있으며, AWS의 연간 매출은
업계 2위 마이크로소프트 애저보다 70% 이상, 3위 구글 클라우드보다 3배
이상 높은 것을 기반으로 규모의 경제를 이어간다는 예상이다. 하지만 안무
스 애널리스트는 애저와 구글 클라우드를 비롯한 클라우드 후발 주자들이
저가 정책으로 공격적인 점유율 확대를 시도할 경우, AWS의 마진에도 부정
적인 영향을 끼칠 위험이 있다고 지적했다.

3장

클라우드 인프라 도전자들과 **한국의** 클라우드 동향

클라우드 인프라 비즈니스의 최강자 AWS를 포함해 톱3 클라우드 회사를 꼽는다면, 마이크로소프트 애저와 구글 클라우드를 빼놓을 수 없다. 이 세 업체는 모회사의 막강한 자금력을 바탕으로 클라우드 인프라 사업에 엄청난 투자를 하면서 클라우드 업계를 이끌어 가고 있다. 또한 글로벌 클라우드 업체들이 전 세계 클라우드 시장을 리드해갈 때 한국의 클라우드 업체들의 포지셔닝과 전망은 어떠한지 주목할 필요가 있다.

마이크로소프트 애저

애저의 역사[1]

2008년 마이크로소프트의 연례 행사 PDC(Professional Developers Conference)에서 소프트웨어 아키텍처 책임자였던 레이 오지는 윈도우 애저(Windows Azure)를 발표했다. 오지는 소프트웨어를 서비스의 개념으로 사용하는 SaaS라는 혁신적인 개념을 가장 먼저 주창한 사람 중의 하나다. 2005년에 작성된 유명한 마이크로소프트 사내 메모[2]에서, 그는 마이크로소프트의 주력 제품이었던 윈도우즈와 오피스를 인터넷상에서 구현하는 혁신적인 플랫폼에 대한 비전을 보여줬다. 하지만 그 당시 아무도 이 메모가 현재의 애저와 오피스365 서

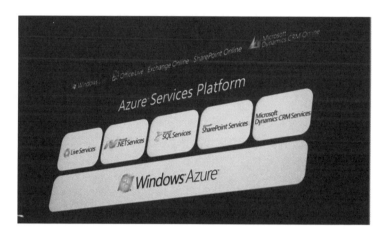

자료: 마이크로소프트

비스로 발전하리라는 것은 알지 못했다.

당시 CEO였던 스티브 발머는 처음에는 소프트웨어의 서비스화 개념을 반대했다. 왜냐하면 회사 수입의 대부분을 차지하는 윈도우즈와 오피스의 매출에 부정적인 영향을 줄 것을 걱정했기 때문이다. 하지만 결국 그는 오지의 비전에 설득됐고 클라우드 사업을 본격적으로 추진하기로 결정했다. 그 결과, 2008년에는 마이크로소프트의 클라우드 플랫폼인 애저를 발표한다(공식 제품 출시는 2010년이다).

스티브 발머에 이어 2014년 CEO 자리에 오른 사티아 나델라는 클라우드로의 전환을 더욱 본격화했다. 그는 마이크로소프트 내부의 제품 팀과 외부 파트너들이 고객에게 소프트웨어를 판매할 때 기존의 전통적 소프트웨어보다 애저 서비스를 우선으로 판매하도록 하는 정책을 수립했는데, 뒤돌아보면 이 정책은 아주 성공적이었다.

2010년에 본격적으로 출시된 애저는 당시 기업용 클라우드 플랫폼이라기보다 일부 개발자 커뮤니티에서 개발용으로 사용되는 수준이었다.

애저가 모멘텀을 얻게 된 중요한 계기 중의 하나는 오픈소스 소프트웨어의 사용이었다. 리눅스 버추얼 머신은 저렴했고, 아파치(Apache), PHP, MySQL 등의 오픈소스 프로그램들이 안정적이라는 이유로 많은 개발자들은 오픈소스 프로그램을 사용하기 시작했다. 오픈소스 프로그램의 성장과 아마존 EC2의 급격한 성장은 마이크로소프트로 하여금 클라우드 전략을 다시 생각해보게 만들었다. 고객들은 클라우드에 대한 보다 나은 통제력을 갖기 원했고 이는 클라우드 전용 인프라에서만 가능했다. 동시에 개발자들은 리눅스를 비롯한 오픈소스 소프트웨어에 대한 지원이 가능한, 보다 열린 클라우드 플랫폼을 선호했다. 이러한 흐름을 반영해서 마이크로소프트의 클라우드 솔루션은 '윈도우즈 애저'에서 '마이크로소프트 애저'로 명칭을 변경하고 리눅스는 애저의 주요 운영체제 중의 하나가 된다.

2014년, 마이크로소프트는 레드햇(Red Hat) 등과 파트너십을 맺고 애저를 리눅스 OS가 구동되기 가장 좋은 클라우드 시스템으로 만들면서 클라우드 인더스트리를 놀라게 했다. 2017년에 애저에서 구현된 버추얼 머신의 40%는 리눅스를 사용했다.

다음 스텝은 애저의 데이터 역량 강화였다. AWS의 빅데이터 플랫폼인 EMR과 구글의 클라우드 데이터 웨어하우스인 빅쿼리 (BigQuery)에 맞서서, 애저는 대표적인 오픈소스 데이터 플랫폼인 호튼웍스(Hortonworks)와 파트너십을 맺고 데이터 서비스를 제공하기 시작했다. 또한 고성능 데이터 분석을 지원하는 포괄적인 빅데이터 분석 플랫폼인 애저 데이터 레이크 스토리지(Azure Data Lake Storage)와 애저 데이터 레이크 애널리틱스(Azure Data Lake Analytics)를 출시했다. 마이크로소프트는 사물인터넷(IoT)의 중요성을 깨닫고, 애저에서도 IoT 관련 서비스를 런칭해 현재 애저 IoT 센트럴(Azure IoT Central)이라는 IoT 관련 통합적 클라우드 서비스를 운영하고 있다.

애저가 머신러닝과 인공지능 분야에 본격적으로 뛰어든 것은 2018년이다. 먼저 자연어 처리와 번역을 위한 인지 API(Cognitive API)를 개발했고, 머신러닝 모델의 훈련과 구현을 위한 시각적 도구로서 애저 ML 스튜디오(Azure ML Studio)를 내놓았다. 곧이어 애저는 엔비디아 GPU와 인텔의 FPGA 반도체를 사용한 딥러닝 도구인 애저 ML 서비스(Azure ML Services)를 출시했다.

데이터베이스로부터 IoT, AI에 이르는 연속적인 투자는 애저가

AI 분야를 아우르는 총체적인 솔루션을 구축하는 데 도움을 줬고, 애저를 포함한 클라우드 사업부는 인텔리전트 클라우드(Intelligent Cloud)라는 브랜드로 불리게 된다. 2019년 인텔리전트 클라우드 사업부는 MS오피스를 포함한 제품 및 비즈니스 프로세스(Product and Business Process) 사업부와 MS윈도우즈를 포함한 퍼스널 컴퓨팅 (Personal Computing) 사업부를 제치고 최대 매출 사업부로 등극하게 됐다.

2019년 10월에 애저는 시장의 절대 강자였던 AWS를 물리치고 100억 달러(약 11조 원) 규모의 사상 최대의 공공 클라우드 사업 중의 하나인 미국 국방부의 JEDI 프로젝트를 수주했다. 이 입찰 건은 마이크로소프트 애저가 클라우드 마켓에서 위치를 공고히 하게 되는 결정적인 계기가 됐다.

애저의 주요 강점: 하이브리드 클라우드 강자, 윈도우 고객에게 저렴, MS 솔루션 연동

애저는 2017년 다양한 IT 환경에서 애저 서비스를 사용할 수 있도록 돕는 애저 스택(Azure Stack)을 출시하여 하이브리드 클라우드 마켓을 선도하고 있다. 여기서 하이브리드 클라우드의 의미는 고객의 온프레미스 데이터센터에 마이크로소프트의 소프트웨어가 설치

■ 애저 포탈 초기 화면

자료: 마이크로소프트 애저

되는 구조로, 애저의 퍼블릭 클라우드와 고객 데이터센터의 프라이
빗 클라우드를 동시에 활용할 수 있는 장점이 있다.

애저는 기존 마이크로소프트 고객에게 유리한 점이 많다. 기존
윈도우즈 고객의 경우 윈도우즈 서버를 애저로 이전할 시 할인받을
수 있는 점을 고려하면 AWS에서 윈도우즈 서버를 사용하는 것보다
저렴하게 이용할 수 있다. 그리고 애저의 사용자 접근 관리 솔루션
인 AD(Active Directory)를 사용하면 다른 마이크로소프트 솔루션인
오피스 365(Office 365), 다이내믹스 365(Dynamics 365) 등과의 연동이
자동으로 되면서 확실한 보안성을 유지할 수 있다.

AWS가 여전히 클라우드 시장에서 점유율은 1위지만, 애저의 점유율 또한 꾸준히 상승하고 있다. 많은 고객들이 2개 이상의 클라우드 업체를 사용하는 멀티 클라우드 전략을 사용하면서 AWS와 애저를 동시에 사용하는 경우도 늘고 있다. 마이크로소프트는 대기업들에 온프레미스 서비스를 오랫동안 제공해왔고, 기존 고객들에게 제공하던 온프레미스 서비스를 최근 몇 년 동안 꾸준히 애저 서비스로 전환하고 있다.

애저의 시장 전망

미국 투자은행 파이퍼 샌들러(Piper Sandler)의 분석가 브렌트 브레이스린에 따르면, 애저 클라우드 서비스는 2022년에 마이크로소프트에서 최대 매출을 기록하는 사업부로 등극할 것으로 예상된다. 그는 2022년 4분기(2022년 4~6월) 애저 매출이 118억 달러, 오피스 사업 매출이 109억 달러를 달성할 것으로 예상하고 있다. 오피스 사업은 1989년 출시 이후 오랫동안 마이크로소프트의 핵심 사업이었고, 뒤늦게 2010년에 출범한 애저 사업이 오피스 사업을 추월하여 사내 최대 매출 사업이 된다는 것은 애저, 그리고 애저를 적극적으로 지원한 현 CEO 사티아 나델라에게 큰 의미가 있다. 향후 애저는 명실상부하게 마이크로소프트를 대표하는 비즈니스가 될 것이다.

■ 애저의 주요 서비스

서비스	분류	내용
버추얼 머신 (Virtual Machines)	연산	윈도우즈와 리눅스 가상화 컴퓨터 환경을 수초만에 설정하며, 필요한 경우 수천 개의 버추얼 머신을 통해 안정적으로 대규모 작업이 가능하다.
데이터 레이크 스토리지 (Data Lake Storage)	스토리지	고성능 데이터 분석에 최적화된 안정적이고 확장 가능한 데이터 스토리지이다.
코스모스 DB (Cosmos DB)	데이터베이스	데이터 규모에 상관 없이 사용할 수 있는 오픈 API를 사용한 NoSQL 데이터베이스이다.
데이터브릭스 (Databricks)	분석	아피치 스파크(Apache Spark) 기반의 빅데이터 및 인공지능 분석에 최적화된 분석 도구이다.
디지털 트윈스 (Digital Twins)	IoT	물리적 환경의 모델을 생성하는 데 쓰이는 IoT 전용 공간적 지능 활용 도구이다.
아크 (Arc)	인프라	하이브리드 클라우드 및 온프레미스 인프라 시스템 통합 도구이다.
플레이팹 (PlayFab)	게임	단일 플랫폼상에서 라이브 게임을 생성하고 운영할 수 있는 도구이다.
코그니티브 서비스 (Cognitive Services)	AI	API를 사용해서 고성능 AI 모델을 구현할 수 있는 도구이다.

케이스 스터디

NBA: 선수들의 움직임을 애저로 추적한다

미국 프로농구 NBA는 2020년 NBA 코트옵틱스(CourtOptix)란

■ NBA 코트옵틱스 화면

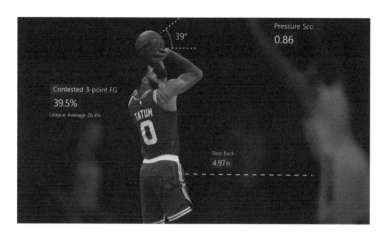

자료: 마이크로소프트

AI 기반의 팬을 위한 농구 데이터 분석 시스템을 도입했다. 코트옵틱스는 애저의 AI 기능을 활용해서 선수 및 게임 데이터를 실시간으로 분석해서 흥미있는 분석을 보여준다. 이를 통해 NBA는 보다 심도 깊은 분석 데이터를 사용하여 NBA 팬들의 게임 몰입도를 높여주는 효과를 노리고 있다.

　NBA 게임 데이터는 선수의 움직임을 초당 25회의 프레임으로 추적하고 게임당 150만 개의 공간 좌표를 생성한다. NBA 시즌 전체로는 20억 개의 데이터 포인트가 생성된다. 이러한 엄청난 양의 데이터를 분석하는 데 애저의 데이터 분석 도구인 애저 데이터 레이크 스토리지(Azure Data Lake Storage), 애저 머신러닝(Azure Machine Learning) 및 애저 데이터브릭스(Azure Databricks)가 사용된다.

두산(Doosan): 수소 연료전지에 쓰이는 애저

두산 모빌리티 이노베이션(DMI)은 드론 운행 시간을 30분에서 2시간으로 늘려주는 컴팩트 수소연료전지를 개발했다. 2020 CES에서 '최고의 혁신상'을 수상하기도 한 연료전지 드론을 개발하기 위해 두산은 애저 AI를 적극적으로 활용해서 고객이 엄청난 양의 데이터

■ **CES에서 최고 혁신상을 수상했던 두산 모빌리티 이노베이션의 산업용 드론**

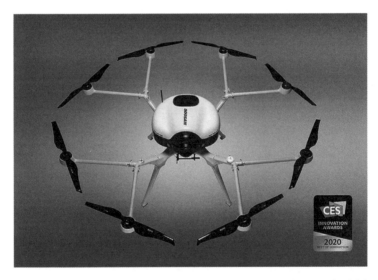

자료: 두산 모빌리티 이노베이션

클라우드의 미래에 투자하라

를 효율적으로 수집하고 분석하고 사용하기 시작했다.

두산의 혁신적인 수소연료전지 드론은 마이크로소프트 애저의 AI 기술과 결합해서 다양한 산업에서 응용할 수 있는 가능성을 제공한다. 두산은 태양열 발전소의 인공지능 기반 점검 솔루션, 송유관 점검 인공지능 솔루션, 농정의 병충해 점검을 위한 시각 이미지 분석 솔루션 등을 마이크로소프트와 공동으로 마케팅할 계획이다.

월가의 뷰

마이크로소프트는 다양한 기업용 소프트웨어 포트폴리오를 갖추어 이미 많은 기업과 전략적 IT 파트너십을 맺고 있다. 특히 애저 클라우드 비즈니스는 기존의 기업용 솔루션과 시너지를 내면서 마이크로소프트의 기업용 IT 파트너의 위치를 더욱 강력하게 한다.

미국 투자은행 JP모간체이스의 마크 머피(Mark Murphy) 애널리스트는 대형 장기 계약의 호조로 인한 미래 계약 규모(Booking) 상승을 감안할 때 애저의 강력한 성장세[FY22 3분기(2022년 1~3월 기준) 전년 대비 18% 성장함]가 2022년에도 이어질 것으로 전망한다.

하지만 최근의 시장점유율 상승에도 불구하고 아직은 AWS가 확고한 시장의 선두 주자이고, 제품 성능 측면에서 애저가 많이 발전했지만 AWS를 뛰어넘지는 못했다는 점에서 현재의 30%대 성장률이 장기적으로 유지되기는 어려울 수 있다고 머피 애널리스트는 예측했다.

구글 클라우드 플랫폼

구글 클라우드의 역사[3]

구글은 클라우드 최강자 AWS와 비교해서 상대적으로 클라우드 비즈니스의 출발이 늦었다. AWS는 2006년에 출범했고 클라우드 사업의 근간인 IaaS부터 시작했지만, 구글 클라우드의 시작은 2008년에 출시된 PaaS인 애플리케이션 구동 도구 앱 엔진(App Engine)이었고 본격적으로 IaaS 사업을 시작한 것은 2010년이었다. 급속히 성장하는 클라우드 마켓에서 4년은 매우 긴 시간이었고 2010년에는 이미 AWS가 클라우드 인프라 마켓을 급속도로 장악하고 있었다.

구글은 2014년 3월 모든 클라우드 제품의 가격을 30%에서 85%

■ 구글 클라우드의 대표적인 기능인 쿠버네티스의 콘퍼런스

자료: 위키피디아

까지 인하하며 본격적인 가격 경쟁에 뛰어들지만, 선발 주자에 비해 출발이 늦은 핸디캡으로 유의미한 시장점유율을 얻는 데는 실패했다. 이후에도 상당 기간 동안 AWS와 마이크로소프트에 한참 뒤떨어진 3위 주자였고, 구글 클라우드의 시장점유율은 한 자리 수를 벗어나지 못했다.

하지만 구글에서도 변화가 일어났다. 오랫동안 구글 클라우드의 CEO를 맡았던 다이앤 그린(Diane Green)이 퇴임하고 오라클에서 제품 개발 담당 사장을 지냈던 토마스 쿠리안(Thomas Kurian)이 2018년

새로운 CEO로 부임한 때부터다. 그는 2006년 출시 이후 개인용 위주로 사용됐던 지메일(Gmail), 구글 독스(Google Docs), 구글 콘택트(Google Contact), 구글 캘린더(Google Calendar) 등을 포함한 G 스위트(G-Suite) 애플리케이션을 기업용 솔루션으로 판매하는 데 많은 노력을 기울였다. AWS와 애저에 비해 다소 단순했던 제품 라인업도 확장시켰다. 기업을 상대로 한 영업 조직도 대폭 강화했다. 그 결과 구글 클라우드의 시장점유율이 본격적으로 상승하기 시작했다.

2020년은 구글 클라우드에 의미 있는 해였다. 미국 국방성의 사이버 시큐리티 프로젝트 수주에 성공했기 때문이다. 이 프로젝트 자체의 규모는 수백 만 달러(수십 억 원) 정도에 불과해 대형 프로젝트는 아니지만 업계에서는 이로써 구글 클라우드가 앞으로 국방 관련 대규모 프로젝트의 주요 플레이어가 될 수 있는 가능성을 열었다는 업계의 평가를 받고 있다.

가장 최근인 2021년 구글은 미국의 대표적인 자동차회사 포드와 6년간의 대형 클라우드 서비스 계약을 체결했다. 구글 클라우드의 머신러닝 전용 반도체 칩인 TPU(Tensor Processing Unit)는 포드의 자율주행 관련 대규모 데이터 처리에 핵심적인 역할을 할 것으로 예상된다. 구글이 자체 개발한 TPU는 엄청난 연산 능력으로 대규모 데이터 처리에 특화되어 있기 때문에, 수많은 차량으로부터 생성되는 대량의 데이터를 처리하는 자율주행 관련 데이터 연구에 잘 어울

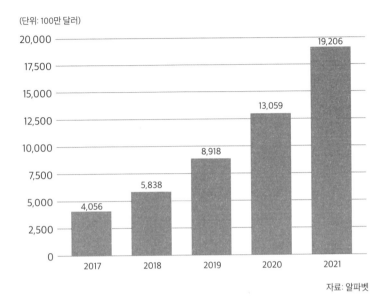

■ 구글(알파벳) 클라우드 사업 연간 매출

(단위: 100만 달러)

자료: 알파벳

린다.

구글의 클라우드 사업 매출은 경쟁사인 AWS나 애저에 비하면 아직 한참 적은 수준이지만, 2017년 이후 아주 빠른 속도로 성장하고 있다. 2020년에는 전년 대비 46% 성장한 130억 달러를, 2021년에는 47% 성장한 192억 달러를 기록했다. 2022년 1분기의 클라우드 매출은 전년 대비 44% 성장한 58억 달러를 나타내 성장세를 이어갔다.

구글 클라우드의 경쟁력: 합리적인 가격, 광대한 고속 네트워크, 버추얼 머신의 실시간 마이그레이션 기능 지원

구글 클라우드는 가장 큰 경쟁자들인 AWS와 마이크로소프트 애저에 비해 상대적으로 저렴한 가격으로 사용할 수 있다. 클라우드 플랫폼에서 가장 많이 쓰는 서비스 중 하나인 컴퓨트 엔진(Compute Engine)의 경우 AWS와 애저보다 40~50% 정도 저렴한 것으로 알려져 있다. 아직 경쟁사인 AWS나 애저에 비해 솔루션의 개수가 제한적이지만, 컴퓨트 엔진 자체의 성능은 경쟁사에 뒤지지 않

■ 구글 클라우드의 글로벌 네트워크

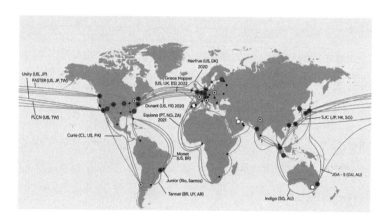

자료: 구글

클라우드의 미래에 투자하라

■ 구글 클라우드의 주요 서비스

서비스	분류	내용
컴퓨터 엔진 (Compute Engine)	연산	구글 클라우드의 인프라상에서 버추얼 머신을 생성하고 구동할 수 있게 한다.
오토ML (AutoML)	머신러닝	머신러닝 경험이 별로 없는 개발자들도 고급 머신러닝 모델을 훈련시킬 수 있도록 도와준다. 시각적 정보 처리, 자연어 처리, 구조화된 데이터 처리 등의 다양한 옵션을 제공한다.
클라우드 TPU (Cloud TPU)	머신러닝	구글 포토(Google Photo)나 구글 번역(Google Translate) 같은 인공지능 기반 프로그램들을 위해 머신러닝을 고속으로 처리할 수 있는 커스텀 반도체(Tensor Processing Unit)다.
빅쿼리 (BigQuery)	분석	구글 클라우드 전용 데이터 웨어하우스이다. 페타바이트(PB) 수준의 대용량 데이터를 아주 빠른 속도로 분석할 수 있다.
IoT 코어 (IoT Core)	IoT	전 세계에 걸쳐 분산된 디바이스들로부터 생성되는 IoT 데이터를 안전하게 수집하고, 관리 및 저장할 수 있도록 도와준다.
클라우드 데이터 트랜스퍼 (Cloud Data Transfer)	인프라	온프레미스 시스템 혹은 애플리케이션에 있는 데이터를 구글 클라우드 스토리지로 손쉽게 이동시킬 수 있도록 도와준다.
클라우드 모니터링 (Cloud Monitoring)	모니터링	고객들은 실시간으로 클라우드 인프라의 각종 성능 지표를 대시보드 형태로 받아볼 수 있다. 또한 이 데이터를 슬랙(Slack)이나 페이저듀티(PagerDuty) 등의 커뮤니케이션 시스템과 연동시켜 받아볼 수도 있다.

는 것으로 알려져 있다.

구글이 소유한 글로벌 네트워크 망은 전 세계로 뻗어 있다. 2018년에는 미국 버지니아 비치에서 프랑스 대서양 연안까지 연결되는 자체 해저 케이블 망 '뒤낭(Dunant)' 공사를 시작해서 2020년에 완공했다. 뒤낭은 초당 250테라비트(Tb)의 아주 빠른 속도를 자랑한다. 구글 클라우드의 프리미엄 티어 고객에게는 더욱 빠른 속도의 고품질 네트워크를 제공한다.

구글 클라우드는 클라우드 내 버추얼 머신의 실시간 마이그레이션을 지원하는데, 이 기능을 지원하는 메이저 클라우드 플랫폼은 구글 클라우드밖에 없다. 이 기능을 활용하면 라이브 서비스 중인 버추얼 머신을 다른 호스트로 이동시킬 때도 다운타임 필요 없이 계속 서비스를 지속할 수 있는 장점이 있다.

케이스 스터디

UPS: 최적의 배달 동선을 통해 연간 4,800억 원 절감

UPS는 세계 최대의 물류 회사 중 하나이다. UPS가 하루에 처리하는 패키지는 2,100만 개에 달한다. UPS 드라이버는 하루 평균 배달/픽업을 위해 방문하는 장소가 120곳에 달한다. 이 120곳을 방문하기 위한 가능한 경우의 수는 자그마치 199자리에 달한다. UPS는 이와 같이 복잡한 경로의 최적화 계산을 위한 파트너로 구글 클라우드를 선택했다.

구글 클라우드와의 협업을 통해 UPS는 드라이버의 운전 경로를 최적화하는 소프트웨어를 개발했다. 이 새로운 소프트웨어를 통해 UPS는 연간 4억 달러(약 4,800억 원)를 절감했고, 무려 1,000만 갤런 의 연료를 절약했다.

UPS는 특히 하루에 10억 개가 넘는 데이터 포인트를 처리할 수 있는 구글 클라우드의 빅쿼리(BigQuery)를 적극적으로 활용하고 있 다. UPS는 빅쿼리를 통한 데이터 분석을 실시간 경로 최적화 및 수 요 예측에 적극 활용하고 있다.

기아: 구글과 온라인 쇼룸 구축

새로운 고객과의 접점을 창조하기 위한 온라인 채널을 구축해온 글로벌 자동차 회사 기아는 코로나19 팬데믹 이후 온라인 채널의 중 요성을 더욱 절감했다. 기아는 이러한 흐름에 발맞춰 온라인으로 차 량을 자세히 볼 수 있는 가상 쇼룸 개발에 착수했다. 이때 프로젝트 를 위해 구글 클라우드가 파트너로 선택됐다.

구글 워크스페이스(Google Workspace)는 딜러 웹사이트를 통해 고객이 가상 쇼룸을 경험하는 고객 여정을 창조할 때, 구글 폼즈 (Google Forms)는 이에 관련된 고객 서베이 작성에 사용됐다. 기아는 구글 밋(Google Meet)을 이 가상 쇼룸에 입장한 고객들과 딜러 직원 들과의 1:1 영상통화가 필요할 때 활용했다. 이러한 가상 쇼룸을 통 해 고객은 오프라인 매장을 굳이 방문하지 않고도 집에서 편하게

■ **기아의 가상 쇼룸 화면**

자료: 기아

웹사이트를 통해 차량을 관찰하고 직원과 자유롭게 소통하며 차량 구매까지 할 수 있게 됐다. 기아는 이러한 라이브스트림 가상 쇼룸 을 45개국에 구현했고, 고객들과 딜러들로부터 매우 호의적인 반응 을 얻고 있다.

클라우드의 미래에 투자하라

구글(알파벳)의 총 매출의 약 80%는 여전히 검색 및 유튜브에서의 광고에서 나오지만, 클라우드 사업은 구글의 미래에도 중요한 동력이 될 것으로 기대된다. 이에 전략적인 투자를 지속하고 있다.

미국 투자은행 JP모간체이스의 더그 안무스(Doug Anmuth) 애널리스트는 구글 클라우드에 대한 구글의 적극적인 투자에 힘입어 2019년 이후 영업 조직의 규모가 3배 증가했으며 덕분에 구글 클라우드의 폭발적인 매출 성장(2021년 4분기 기준 전년 대비 45%)을 이끌었다고 분석했다.

하지만 클라우드 산업에서 후발 주자인 관계로 경쟁사 대비 보다 공격적인 가격 할인을 사용할 수밖에 없고, 이로 인해 2021년 연간 기준 알파벳은 구글 클라우드 사업부에서만 30억 9,900만 달러의 영업 손실을 기록했다. 안무스 애널리스트는 광고 사업부가 막대한 이익을 내고 있기 때문에 이 손실은 현재로서는 충분히 상쇄되지만, 영업 손실이 계속 증가할 경우 클라우드 사업의 동력이 약화될 우려가 있다고 전망했다.

한국의 클라우드 현황

클라우드 마켓별 시장점유율

국내 클라우드 마켓은 AWS와 마이크로소프트 등의 해외 대형 IT 기업들이 강력한 브랜드 인지도를 바탕으로 시장을 주도하고 있다. IaaS의 경우 시장의 절반 가까이를 AWS가 장악하고 있으며, PaaS에서도 외국계 클라우드 강자들이 시장을 대부분 점유하고 있다. SaaS 시장은 SAP가 한국 시장에서 오랫동안 쌓아놓은 ERP의 명성을 바탕으로 선두를 달리고 있으며 토종 ERP업체인 더존도 선전하고 있다.

■ **2020년 국내 클라우드 시장점유율 현황**

순위	IaaS	PaaS	SaaS
1	**amazon** webservices (51%)	**Microsoft** (18%)	**SAP** (9%)
2	**kt** (20%)	**amazon** webservices (13%)	**Microsoft** (9%)
3	**LG U⁺** (3%)	**ORACLE** (10%)	**DOUZONE** 더존비즈온 (5%)

자료: IDC, 코스콤

주요 국내 클라우드 업체들

KT: 국내 클라우드 1위로 데이터센터의 강자

KT는 국내 클라우드 사업자 중에서는 최대 시장점유율을 갖고 있다. 오랫동안 데이터센터 사업을 해오며 국내 전역에 네트워크 망을 갖춘 KT는 국내에서 인터넷 데이터센터, 네트워크, 클라우드 서비스가 모두 제공 가능한 국내 유일의 기업이다.

KT는 2020년 11월에 AI, IoT, 빅데이터 등의 다양한 디지털 전환 플랫폼을 클라우드로 제공하는 패키지 서비스인 'DX 플랫폼'을 출시했다. 같은 시기에 '클라우드 원팀'을 설립해서 기업과 대학, 연구기관, 기업들을 아우르는 클라우드 생태계 구축에 힘을 쏟고 있다.

네이버, NHN: 한 지붕 아래 2개의 클라우드 조직 운영

NHN의 자회사인 네이버는 2010년부터 국내 클라우드 시장에 꾸준히 투자를 해왔다. 네이버의 클라우드 매출은 2021년 전년 대비 39% 늘어난 3,800억 원을, 2022년 1분기의 경우 전년 동기 대비 15% 늘어난 942억 원을 기록했다. 네이버의 강점은 다양한 온라인 기반 비즈니스 경험이 있다는 것이며, 그 기반을 바탕으로 다양한 클라우드 패키지를 시도하고 있다. 네이버는 국내 시장뿐만 아니라 동남아를 비롯한 해외 시장도 노리는 중이다. 이를 위한 솔루션 중의 하나는 2020년에 출시한 '뉴로 클라우드'이다. 이 클라우드 서비스는 고객사의 데이터센터에 직접 전용 장비를 설치해서 네이버 클라우드 플랫폼과 고객사의 기존 시스템을 연동한 하이브리드 클라우드 환경 구축이 가능하다.

네이버의 모회사인 NHN은 네이버와 별도로 클라우드 사업 조직을 운영하고 있으며, 공공 클라우드 시장에서 자체 개발한 협업 툴 '두레이'로 성과를 올리고 있다. 2020년에는 한국전자통신연구원(ETRI), 카이스트(KAIST)와 계약을 맺었고 2021년에는 서울대, 경상대와 계약했다. 코로나19 사태 이후 온라인 협업 툴에 대한 수요가 폭증하면서 흐름을 제대로 탔다. 두레이는 NHN 내부에서 수년간 성공적으로 사용되며 검증을 마쳤다는 점이 강점이다. 향후에는 커뮤니케이션 기능뿐만 아니라 재무, 인사, 전자 결재 등의 기능까지 포함하는 종합적인 협업 솔루션을 구축하는 것을 목표로 한다.

SK C&C: 고객을 위한 클라우드 원스톱 서비스 제공

SK C&C는 클라우드 서비스에 부가적인 가치를 결합한 총체적 가치 제공을 목표로 하고 있다. 즉, 비용 절감을 위한 인프라 전환에서 시작해서 디지털 프로세스 전환을 원하는 기업 서비스의 클라우드 네이티브 서비스로의 전환까지 전 영역에 걸쳐 고객의 디지털 전환 여정을 함께하려는 것이다. 특히 최근 비즈니스의 화두인 ESG(환경·사회·지배구조) 경영에도 동참한다. 사회 안전망 강화 서비스와 청년 장애인 ICT(정보통신기술) 전문가 육성 프로그램 등 사회적 가치가 높은 프로젝트에 적극 참여함으로써 사회적 가치 창출을 위해 노력하고 있다.

공공 클라우드 케이스 스터디: 코로나19 역학조사 지원 시스템

한국 정부는 코로나19로 인한 국가적 재난 상황에서 클라우드 서비스를 활용하여 타 국가와 비교해 신속하고 효율적인 대국민 서

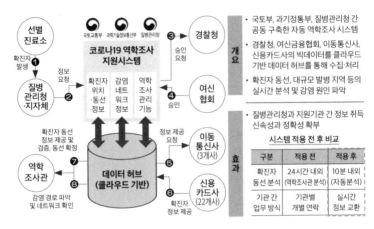

■ 클라우드 기반의 코로나 19 역학조사 지원시스템

개요

- 국토부, 과기정통부, 질병관리청 간 공동 구축한 자동 역학조사 시스템
- 경찰청, 여신금융협회, 이동통신사, 신용카드사의 빅데이터를 클라우드 기반 데이터 허브를 통해 수집·처리
- 확진자 동선, 대규모 발병 지역 등의 실시간 분석 및 감염 원인 파악

효과

- 질병관리청과 지원기관 간 정보 취득 신속성과 정확성 확보

시스템 적용 전 후 비교

구분	적용 전	적용 후
확진자 동선 분석	24시간 내외 (역학조사관 분석)	10분 내외 (자동분석)
기관 간 업무 방식	기관별 개별 연락	실시간 정보 교환

자료: 한국산업은행

비스를 제공했다는 평가를 받았다. 먼저 역학조사, 질병 정보 공시, 온라인 교육 등으로 인한 데이터 폭주에 대응하기 위한 인프라로 클라우드를 이용했다. 코로나19 관련 대국민 서비스를 클라우드 기반으로 신속하게 개발 및 제공하기도 했다. 예를 들면 코로나19 맵을 통해 확진자의 동선 정보를 제공했고, 마스크 앱은 마스크 재고 조회 서비스를 제공했다.

한국 클라우드 시장 전망

    가트너에 따르면, 2020년 국내 퍼블릭 클라우드 시장 규모는 21.5억 달러였으며, 연간 평균 18% 정도로 꾸준히 성장해 2024년에는 46억 달러 규모에 이를 전망이다. 최근 조사에서도 국내 기업들이 디지털 혁신을 위해 도입했거나 향후 도입 예정인 신기술 순위에서도 클라우드 시스템 구축이 1위로 꼽혀서 업계의 높은 관심을 보여주고 있다.

■ **국내 퍼블릭 클라우드 시장 규모 전망**

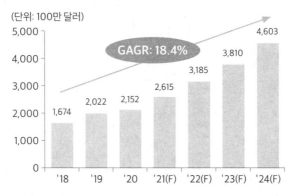

(단위: 100만 달러)

GAGR: 18.4%

'18: 1,674
'19: 2,022
'20: 2,152
'21(F): 2,615
'22(F): 3,185
'23(F): 3,810
'24(F): 4,603

자료: 가트너

4장

다양한 산업에서의
클라우드 활용

많은 기업들이 '디지털 트랜스포메이션'을 부르짖으며 사내 IT 시스템을 현대화하는 데 총력을 기울이고 있으며, 클라우드는 그 전환의 한가운데에 있다. 유연하고 강력한 컴퓨팅 파워를 제공해주는 클라우드는 기존의 온프레미스 IT 시스템 대비 보다 나은 효율과 성능을 보여줬고, 효과가 검증된 클라우드 기반 시스템은 다양한 업계에서 이미 적극적으로 활용되고 있다.

데이터 저장 클라우드

데이터 저장은 인터넷 사용자들에게 가장 인기 있던 서비스 중의 하나다. 2000년에는 한국에서 인터넷상에서 저장 공간을 제공하는 '웹하드'라는 서비스가 출시됐고 그 이후에 수많은 비슷한 서비스들이 생겨났다.

최근 글로벌 대형 IT 기업들은 개인용 데이터 저장을 위해 구글 드라이브, 아이클라우드 드라이브(애플), 원드라이브(마이크로소프트), 아마존 드라이브 등을 통해 저장 공간 서비스를 제공하고 있다. 그 외에도 드롭박스(Dropbox), 박스(Box) 등의 서비스가 유명하다. 또한 구글 포토, 아마존 포토 등도 널리 사용되는 클라우드 기반의 개인용 사진 저장 서비스가 있다.

기업용 클라우드에서도 가장 기본적인 서비스 중의 하나는 데이터 저장 서비스다. AWS의 경우 S3가 가장 처음에 시작된 기업용 클라우드 서비스 중 하나였다.

시장조사업체 얼라이드 마켓 리서치에 따르면, 개인용 클라우드 데이터 저장 시장 규모는 2019년 268억 달러에서 연평균 24.6% 성장하여 2027년에는 1,600억 달러를 넘어설 것으로 예측되고 있다.[1] 수많은 자료가 디지털화되면서 개인의 데이터 저장 수요도 기하급수적으로 증가하고 있고, 특히 스마트폰을 비롯한 개인용 디바이스에 고성능 카메라가 장착되면서 각종 사진과 비디오를 저장하는 수요가 폭발적으로 늘고 있기 때문이다. 개인용 클라우드 데이터 저장 서비스는 그 수요를 충족시킬 수 있는 가장 좋은 대안으로 떠오르고 있다.

데이터 저장 클라우드 전문 회사: 드롭박스와 박스

드롭박스와 박스는 클라우드 데이터 저장 서비스에 집중하는 회사들이다. 두 회사 모두 대학생에 의해 창업된 회사로 드롭박스는 창업자 드류 휴스턴(Drew Houston)이 MIT 재학 중에, 박스는 아론 레비(Aaron Levie)가 서던 캘리포니아대(USC) 학생일 때 설립됐다. 드

■ 드롭박스의 초기 화면

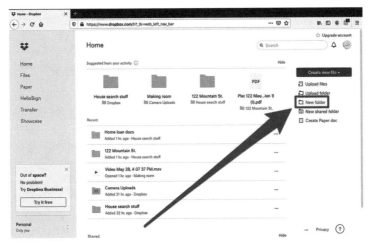

롭박스는 주로 개인용 데이터 저장에 강점이, 박스는 기업에서의 팀 작업을 위한 데이터 저장에 강점이 있다. 박스는 컴퓨터 폴더와 파일들을 깔끔하게 보여주는 초기 화면 덕분에 대부분의 사용자가 큰 어려움 없이 사용할 수 있다. 또한 여러 개의 디바이스에서 사용할 경우 자동으로 동기화를 해주는 기능도 제공한다.

드롭박스의 경우 가장 최근 분기(2022년 1분기) 매출은 5억 6,200만 달러로 전년 동기 대비 9.8% 성장했다. 같은 분기의 일반회계기준 (GAAP) 영업이익은 1억 7,000만 달러로 전년 동분기 대비 14% 증가

■ 드롭박스와 박스 비교

	드롭박스	박스
창업 연도	2007	2005
연간 매출 (2021년 기준)	21억 6,000만 달러	8억 7,000만 달러
순이익 (2021년 기준)	3억 3,600만 달러	4,100만 달러(적자)
시가총액 (2022년 3월 말 기준)	90억 달러	42억 달러
사용 요금 (개인용)	매달 9.99달러 (2TB 제공)	매달 10달러 (2TB 제공)
사용 요금 (기업용)	사용자당 연간 150달러 (5TB 제공)	사용자당 매달 5달러(100GB 제공) 사용자당 매달 15달러(데이터 무제한)

했다. 성장성을 나타내는 중요한 지표인 활성 사용자 수는 1,709만 명으로 전년 동분기 대비 8.0% 증가했다.

박스의 경우 가장 최근 분기(FY22 4분기, 2021년 11월~2022년 1월) 매출은 2억 3,340만 달러를 기록했고 전년 동기 대비 17% 성장했다. GAAP 기준 영업이익은 97만 달러로 전년 동분기의 328만 달러 영업손실과 비교해 흑자 전환을 기록했다.

이 두 회사의 경우 비즈니스 모델이 비슷하면서도 강점(드롭박스는 개인용 서비스, 박스는 기업용 서비스)이 다르기 때문에 합병할 경우 시너지 효과가 있을 것으로 예측된다. 실제로 합병 루머도 돌고 있지만,

아직 확정된 것은 없는 상태이다.

월가의뷰

미국 투자은행 JP모간체이스의 애널리스트 마크 머피(Mark Murphy)는 효율적인 셀프 서비스 모델이 드롭박스의 강점이라고 이야기한다. 드롭박스는 90% 이상의 매출은 셀프 서비스 웹사이트/모바일 구독에서 발생하는데 별도의 영업 조직이 없기 때문에, 영업 및 마케팅 비용의 매출 대비 비율(20%)이 비슷한 규모의 다른 소프트웨어 기업(40~50%)과 비교해 매우 낮다.

반면, 마크 머피 애널리스트는 자금력이 강한 대형 클라우드 벤더들은 향후 드롭박스의 성장에 위협이 될 수 있다고 전망한다. 마이크로소프트나 구글 클라우드 등의 초대형 클라우드 사업자들은 파일 공유 서비스를 매우 저렴한 가격으로 제공할 수 있는 충분한 능력을 갖고 있으며, 이러한 서비스를 다른 생산성 서비스의 번들로 제공할 가능성도 있다는 것이다.

데이터 분석 클라우드

인터넷과 컴퓨터 기술이 발달하면서 현대의 기업들은 엄청난 양의 데이터를 축적 및 분석해서 비즈니스에 적용하는 '빅데이터' 시대에 발맞춰 운영될 수밖에 없다. 클라우드가 보편화되면서 기업들도 데이터 분석을 위해 필요한 대량의 데이터를 모아 놓은 시스템인 데이터 웨어하우스를 기존의 내부 온프레미스 시스템에서 클라우드로 이전해가는 추세이다. 왜냐하면 클라우드 기반 시스템이 보다 많은 양의 데이터를 효율적으로 처리할 수 있기 때문이다.

클라우드 플랫폼의 3대 강자인 AWS, 애저, 구글 클라우드는 각각 레드시프트, 시냅스(Synapse), 빅쿼리라는 데이터 웨어하우스 솔루션을 제공하고 있다.[2] 그런데 클라우드 플랫폼에서 제공하는 데이터 웨어하우스는 해당 플랫폼에서만 작동한다. 즉, AWS에서 제공하는 레드시프트는 AWS에서만 작동하는 것이다. 반면, 특정 클라우드 플랫폼에 얽매이지 않는 플랫폼 중립적 클라우드 데이터 웨어하우스도 있다. 스노우플레이크(Snowflake), 옐로우브릭(Yellowbrick)이 대표적이다.

데이터 웨어하우스와 연결해 본격적인 데이터 분석을 하는 솔루션들도 여러 가지가 있다. 대표적인 솔루션으로는 세일즈포스가 인수한 타블로(Tableau), 도모(Domo), 알터릭스(Alteryx)가 있다.

클라우드 데이터 웨어하우스의 떠오르는 신성 '스노우플레이크'

전설적인 투자의 대가 워렌 버핏은 주로 안정된 실적을 보여주는 대기업에 장기 투자하는데, 그런 버핏답지 않게 IPO(기업공개) 투자에 대규모로 참여한 기업이 있어서 매우 화제가 됐다. 그 기업이 바로 스노우플레이크이다.

스노우플레이크는 세 명의 공동창업자 비노이트 데이지빌(Benoit Dageville), 티에리 크레인즈(Thierry Cruanes)와 마신 주코스키(Marcin Żukowski)에 의해 2012년 창립됐다. 데이지빌과 크레인즈는 오라클의 데이터 아키텍트 출신이고 주코스키는 벡터와이즈라는 스타트업

■ 다른 소프트웨어 IPO와 비교해서 압도적인 스노우플레이크의 IPO 규모

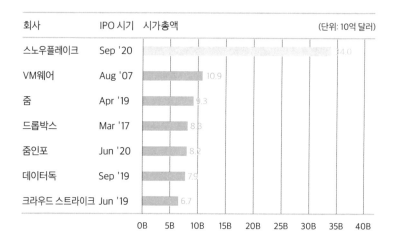

회사	IPO 시기	시가총액	(단위: 10억 달러)
스노우플레이크	Sep '20		34.0
VM웨어	Aug '07	10.9	
줌	Apr '19	9.3	
드롭박스	Mar '17	8.3	
줌인포	Jun '20	8.2	
데이터독	Sep '19	7.9	
크라우드 스트라이크	Jun '19	6.7	

0B 5B 10B 15B 20B 25B 30B 35B 40B

출신이다. 스노우플레이크는 눈송이라는 뜻으로 클라우드(구름)의 의미와도 절묘하게 어울린다. 2018년에는 15억 달러의 밸류에이션을 인정받아서 유니콘(밸류에이션 10억 달러 이상의 스타트업) 대열에 합류했고, 2020년 9월에는 소프트웨어 업계 사상 최대의 규모로 IPO를 실시했다.

스노우플레이크의 장점은 클라우드 플랫폼에 관계 없이 작동한다는 것이다. 즉, 메이저 클라우드 플랫폼인 AWS, 애저, 구글 클라우드에서 모두 작동하고 세 플랫폼 사이에서 자유롭게 이동할 수 있다. 특정 클라우드 플랫폼에 종속될 필요가 없다는 이유로 스노우플레이크와 같은 솔루션을 선호하는 고객들도 많다.

■ **스노우플레이크의 연도별/분기별 매출 성장률**

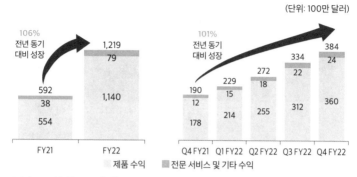

(단위: 100만 달러)

제품 수익 / 전문 서비스 및 기타 수익

* FY22는 2021년 2월~2022년 1월

자료: 스노우플레이크

이 외에도 스노우플레이크는 많은 장점들이 있다. 확장 가능한 단일 퍼포먼스 엔진(Single elastic performance engine)은 단시간에 거의 무제한의 데이터 처리 용량 확장과 거의 무제한의 사용자 접속을 가능케 한다. 스노우플레이크의 데이터 플랫폼은 이미 상당히 높은 수준으로 자동화되어 있어서 데이터베이스 운영 담당자의 수고를 덜어준다.

스노우플레이크가 엄청난 규모의 가치평가를 받으면서 IPO를 할 수 있었던 배경은 폭발적인 성장세이다. FY20(2019년 2월~2020년 1월)부터 FY21(2020년 2월~2021년 1월)까지 1년 사이에 전년 대비 매출이 두 배가 넘으며 매우 빠른 속도의 성장을 나타냈다.

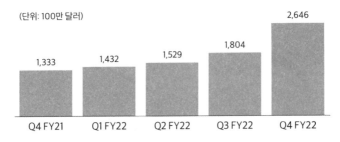

■ 스노우플레이크의 분기별 잔여 계약 금액

(단위: 100만 달러)

Q4 FY21	Q1 FY22	Q2 FY22	Q3 FY22	Q4 FY22
1,333	1,432	1,529	1,804	2,646

자료: 스노우플레이크

　가장 최근 회계 분기인 FY22 4분기(2021년 11월~2022년 1월)에 스노우플레이크는 분기 매출 3억 8,400만 달러를 기록해서 전년 동기 대비 101% 성장을 기록했다. 고객 충성도를 보여주는 중요 지표인 NRR(Net Retention Rate, 고객당 매출 유지율)은 178%를 기록해서, IPO 당시의 158%보다도 향상됐다. 미래 매출을 예상할 수 있는 잔여 계약 금액(Remaining Performance Obligation)은 전년 동분기 대비 98% 향상되었다.

 NRR이란?

NRR(Net Retention Rate 또는 Net Dollar Retention)은 고객 충성도를 보여주는 지표로 B2B 소프트웨어 업계에서 널리 사용된다. NRR이 높다는 것은 회사의 제품을 사용해본 고객들이 아주 만족한다는 것을 나타낸다. NRR은 다음과 같이 계산된다.

초기 매출 + 업그레이드로 늘어난 매출 - 다운그레이드로 감소한 매출 - 계약 해지로 감소한 매출

초기 매출

즉, 신규 고객을 제외하고 기존 고객으로부터 특정 기간의 매출을 전년 동일 기간과 비교하는 것이다. 회사가 성장하려면 NRR이 100%가 넘어야 하고, 120%가 넘으면 상당히 양호한 수준인데 스노우플레이크는 상장 당시 158%라는 놀라운 NRR을 보였다. 이 수치는 SaaS 업계 전체를 통틀어서도 최상위권의 수치이다. 이렇게 높은 수치가 나올수 있는 가장 큰 이유는 제품 자체의 성능이 업계에서 높은 평가를 받고 있기 때문이다.

■ **스노우플레이크의 IPO 당시(2020년 9월) 주요 SaaS 업체들과 NRR을 비교한 자료**

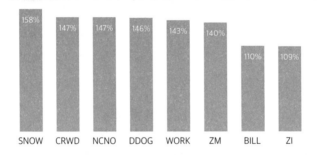

데이터 제공자와 사용자 간의 효율적이고 안전한 데이터 네트워크를 의미하는 스노우플레이크의 '데이터 클라우드(Data Cloud)'가 전 세계 업계에서 빠른 속도로 확대되고 있다. 전 세계 수천여 기업들은 데이터에서 더 많은 가치

를 창출하도록 지원받으며 덕분에 데이터와 사용자의 위치에 상관없이 거의 무제한적인 규모와 동시성, 그리고 우수한 성능으로 데이터를 활용하고 있다. 미국 투자은행 JP모간체이스의 핀잘림 보라(Pinjalim Bora) 애널리스트는 스노우플레이크의 원래 계획보다 데이터 클라우드의 확산 속도가 더 빠르다면 실적이 더 많이 향상될 것으로 내다봤다. 또한 현재 산업계에서 디지털 트랜스포메이션과 데이터 기반 경영 의사결정이 점점 중요한 트렌드로 자리 잡고 있기 때문에 이러한 트렌드의 가속화는 스노우플레이크와 같은 클라우드 기반 데이터 솔루션 회사에 보다 많은 기회를 제공할 것으로 예상했다.

현재 클라우드 전용 데이터 웨어하우스 시장에서 스노우플레이크에 대적할 상대가 거의 없다. 하지만 보라 애널리스트에 따르면 AWS, 애저, 구글 클라우드 등의 퍼블릭 클라우드 업체들이 막강한 자금력과 인재 풀을 무기로 그들 나름대로의 솔루션을 개발하고 있기 때문에, 만약 퍼블릭 클라우드 업체들의 솔루션 수준이 향상되어 스노우플레이크와 비슷해질 경우, 스노우플레이크의 미래 성장성에 큰 타격이 될 수 있을 것으로 전망된다.

고급 데이터 분석을
손쉽게 해주는 '알터릭스'

알터릭스(Alteryx)는 1997년에 SRC라는 이름으로 설립됐다. 처음에는 인구통계학적 매핑 서비스로 출발했으나 2006년에 알터릭스라는 데이터 분석 소프트웨어를 출시하면서 회사의 주력 서비스로 자리 잡았다. 2010년에는 아예 사명을 알터릭스로 변경했다. 2017년에는 NYSE(뉴욕증권거래소)에 상장했고 대표적인 데이터 사이

■ **알터릭스의 화면**

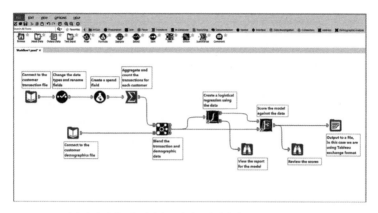

＊ 여러 가지 아이콘을 연결하는 형태로 데이터 가공과 분석을 진행한다.

자료: 알터릭스

언스 소프트웨어 회사 중 하나로 성장하고 있다.

알터릭스의 소프트웨어는 APA(Analytics Process Automation) 솔루션이라고 불린다. 알터릭스의 솔루션을 이용하는 방법은 다양한 형태의 데이터를 소프트웨어에 입력한 뒤 소프트웨어 내에서 데이터를 분석하기 좋은 형태로 가공한 뒤 사용하기 쉬운 각종 분석 도구들과 내장된 알고리즘을 활용하여 데이터를 분석하는 것이다.

알터릭스의 가장 큰 장점 중의 하나는 SQL과 같은 분석용 컴퓨터언어를 잘 모르는 비즈니스 사용자도 어렵지 않게 데이터 분석을 할 수 있다는 점이다. 물론 SQL 코딩을 능숙하게 할 수 있는 사용

■ **알터릭스의 데이터 분석 사이클상에서의 폭넓은 사용 영역을 나타내는 그림**

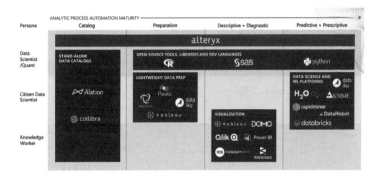

자료: 알터릭스

자는 SQL을 사용할 수 있는 모드도 제공한다. 클러스터링, 디시전 트리 등과 같은 다양한 고급 데이터 사이언스 알고리즘도 내장되어 있어 간편하게 적용 가능하다.

알터릭스는 데이터 캐털로그부터 데이터 준비·사전 작업, 분석 및 진단에서 예측에 이르는 데이터 프로세스의 전반을 커버하는 솔루션이다. 그리고 전문 데이터 사이언티스트 및 분석가들과 시티즌 데이터 사이언티스트, 비즈니스 영역의 지식 근로자들까지 사용할 수 있는 소프트웨어이다.

알터릭스는 데이터 사이언스와 머신러닝 분야 경쟁 플랫폼과의 비교에서도 상당히 좋은 평가를 받고 있다. 소프트웨어 평가에서 높은 공신력이 있는 가트너에 의하면 소프트웨어의 수행 능력 측면

■ 2019년 기준 데이터 사이언스·머신러닝 플랫폼 매직 사분면

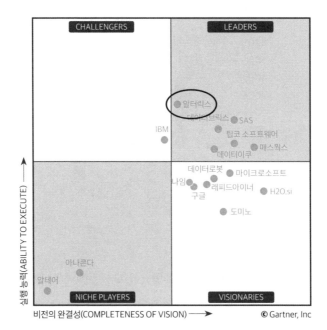

자료: 가트너

에서는 동종 솔루션 사이에서 최고라는 평이다.

알터릭스는 최근 클라우드 데이터 웨어하우스 플랫폼인 스노우 플레이크와의 협업을 발표했다.[3] 이 협업을 통해서 보다 빠른 속도의 데이터 액세스와 준비 작업이 가능하다. 즉 스노우플레이크 내부에서 데이터 가공 작업을 수행함으로써 외부 데이터를 불러와서 수행하는 것과 비교해서 최대 수십 배 빠른 가공 속도를 보여준다.

■ 알터릭스 연간 매출 및 이익

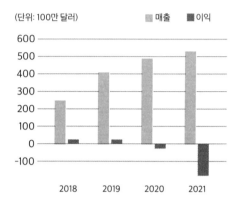

(단위: 100만 달러)　　■ 매출　■ 이익

자료: 야후 파이낸스

　　알터릭스는 2017~2019년에 폭발적인 성장을 보여주다가 2020년
코로나19의 여파로 성장세가 주춤해지고 적자로 돌아섰다. 2022년
1분기에는 매출이 전년 동기 대비 33% 늘어난 1억 5,794만 달러를
기록했으며, 일반회계기준(GAAP) 영업손실은 9,150만 달러로, 전년
동분기의 영업손실 2,881만 달러에 비해 손실이 큰 폭으로 늘었다.

알터릭스는 데이터 분석을 위한 사전 데이터 정리 분야에서 독보적인 위치를 차지하고 있다. 알터릭스의 통합적 데이터 솔루션은 프로그래밍 지식이 없는 비즈니스 사용자도 간편하게 반복적 데이터 작업을 자동화할 수 있도록 도와준다. 덕분에 알터릭스는 기업용 데이터 분석 마켓에서 중요한 솔루션 제공자로 발돋움할 수 있었다.

미국 투자은행 JP모간체이스의 핀잘림 보라(Pinjalim Bora) 애널리스트는 기업들이 점점 더 데이터 기반의 의사결정을 중요시하는 트렌드가 알터릭스의 비즈니스에 도움이 될 것으로 예상했다. 기업들이 사용하는 데이터의 양이 기하급수적으로 늘어나면서, 데이터 처리 및 분석 시간을 줄여주는 알터릭스와 같은 솔루션은 기업에서 꼭 필요한 솔루션으로 자리 잡을 것이라는 분석이다.

또한 핀잘림 보라 애널리스트는 세일즈포스가 2019년 6월에 태블로 소프트웨어를 인수했던 것처럼 알터릭스도 대형 소프트웨어 업체가 인수할 가능성이 있다고 전망했다. 이 경우 인수 합병 프리미엄이 붙으면서 주가의 상승 촉매가 될 수 있다고 보라 애널리스트는 분석했다.

"글로벌 커뮤니티를 통해 전 세계 유저들의 지식과 경험 나눠"

홍성건, 알터릭스 아시아-퍼시픽 세일즈 매니저

Q. 지금까지의 경력과 현재 알터릭스에서 하시는 일을 간단히 소개해주세요.

첫 직장은 인포믹스 코리아였으나 입사한 지 얼마 안되서 인포믹스가 IBM에 합병됐습니다. 인포믹스에선 당시 닷컴기업들로 구성된 ISP라고 불리는 업무 영역(Territory)을 담당하는 영업팀에 소속됐으며, 주력 제품은 IDS(Informix Dynamic Server)였습니다. IDS는 2000년대 초까지 대표적인 RDBMS(Relational DataBase Management System, 관계형 데이터베이스 관리 시스템) 중 하나였으며 당시엔 보기 드문 객체지향 기술을 접목하여 이미지, 오디오, 비디오 등 비정형 데이터의 탁월한 통합 처리에 강점이 있었습니다.

다음 직장이었던 한국IBM에서는 소프트웨어 그룹에서 11년을 근무했으며, 입사 후 절반은 DM(Data Management) 사업부에 있었습니다. 마지막 5년은 IBM 소프트웨어 포트폴리오 전체를 담당하고 보험·카드사 등 금융 고객을 대상으로 영업 관리자 역할을 했습니다. 지금은 알터릭스 아시아에서 한국 시장 영업·마케팅 그리고 채널 관리 역할을 수행하고 있습니다

Q. 알터릭스엔 어떻게 합류하시게 됐나요? 근무하시면서 느끼셨던 회사의 독특한 점이 있다면요?

싱가포르로 생활의 터전을 옮기고 난 후 알터릭스는 저에게 세 번째 직장입니다. 사실 알터릭스 합류하기 1년 전쯤 링크드인을 통해 지원했으나 보기 좋게 낙방했습니다. 그 뒤 1년 후 헤드헌터를 통해 한국을 담당하는 시니어 엔터프라이즈 세일즈 매니저 역할로 다시 채용 제안이 와서 합류했습니다.

알터릭스는 빠른 속도로 성장하고 있는 회사다 보니 입사 첫 날부터 본인 스스로 챙겨야 합니다. IBM이나 마이크로소프트 같은 대형 다국적 기업들이 어마어마한 조직력과 촘촘한 프로세스로 직원들을 챙기는 조직이라면 알터릭스는 스스로 알아서 학습하고 배

워야 하는 조직입니다.

Q. 마켓에 다양한 데이터 분석 솔루션들이 많은데요. 다른 솔루션들과 비교해서 알터릭스가 차별화되는 점은 어떤 것들이 있을까요?

업계의 유일무이한 엔드투엔드(End to End) 데이터 분석 및 프로세스 자동화 플랫폼입니다. 사실 수년 전까지만 해도 알터릭스라고 하면 데이터 준비 및 다듬기 도구 혹은 ETL[Extraction(추출), Transformation(변환), Loading(적재)]의 대용품 정도로만 취급을 받았던 적이 있었지만, 지금은 확실히 데이터 전처리에서부터 통계·공간·예측 분석, 그리고 리포팅 및 시각화에 이르기까지 전 과정을 아우르는 플랫폼으로 시장에서 인식되고 있습니다.

특히, 데이타 전처리에서부터 분석 및 시각화까지 빌딩 블록 형태로 제공되는 다양한 컴포넌트들을 코딩 작업 없이 드래그 앤 드롭(Drag & Drop) 방식으로 현직에서 사용하기 쉬운 데이터분석 플랫폼이라는 점이 강점입니다. 글로벌 알터릭스 커뮤니티에서 전 세계 유저들이 스스로 서로 지식을 공유하고 문제를 해결하는 모습이 시장에서는 알터릭스의 고유한 매력이자 가장 큰 장점이라고 알려져 있습니다.

Q. 2021년 5월에 디자이너 클라우드(Designer Cloud)가 출시됐는데요, 이것은 어떠한 제품이고 어떠한 장점이 있을까요?

유저가 본인의 설치 파일을 데스크톱 혹은 랩톱에 다운로드하여 설치하던 기존의 온프레미스 방식이 아닌 클라우드 방식, 즉 별도의 소프트웨어 설치 없이 웹브라우저를 통해서 알터릭스 디자이너가 제공하는 모든 기능을 활용할 수 있게 됐습니다.

Q. 한국의 데이터 분석가들 중에서도 알터릭스를 체계적으로 공부해보고 싶은 분들이 계실 겁니다. 알터릭스 학습은 어떻게 하는 것이 좋을까요?

개인적으로는 우선 알터릭스에서 제공하는 평가판을 설치해 사용해보기를 권장합니다. 아쉽게도 국문으로 번역된 서적은 아직 없는 것으로 알고 있으나, 걱정할 필요가 없습니다. 경험이 풍부한 한국의 파트너들이 제품 설치부터 데이터 전처리 등 기본적인 컴포넌트 활용법에 대한 영상을 유튜브를 통해 공개했으니 이를 참고하면 됩니다.

Q. 앞으로 데이터 분석 솔루션은 어떻게 진화해 나갈까요? 미래의 전망을 들려주세요.

팬데믹은 대부분의 오프라인 환경을 온라인화하는 '언택트' 시대를 앞당겼으며 가파르게 늘어나고 있는 데이터의 양이 늘어나는 속도를 더욱더 가속화시켰습니다. 앞으로 다양한 소스에서 쏟아져 나오는 어마어마한 데이터를 통해 스스로 학습하고 이에 따른 의사결정도 자동화될 것으로 예상됩니다. 결국 분석뿐만 아니라 분석 자동화가 주류가 될 것으로 생각합니다.

그동안 데이터 분석은 코딩 능력 혹은 전문 기술을 보유한 데이터 사이언티스트나 개발자들 혹은 IT 부서의 전유물이었으나 점점 더 현업에서 쉽게 활용할 수 있는 직관적인 솔루션들이 더욱더 각광받을 것으로 전망됩니다.

클라우드 모니터링 서비스

클라우드를 사용하는 기업이 늘어나면서, 클라우드의 운영 상태를 관찰하고 이상 상황 발생 시 빠른 시간 내에 대처할 수 있게 도와주는 클라우드 모니터링 서비스의 중요성도 높아지고 있다. 클라우드 모니터링은 클라우드 기반 IT 인프라 내의 다양한 운영 워크플로우를 관찰하고 관리하는 것을 의미한다. 웹사이트, 서버, 애플리케이션의 가용성과 성능을 관찰하기 위해 자동 혹은 수동의 다양한 기법들을 사용할 수 있다.

■ 주요 클라우드 모니터링 분야[4]

구분	내용
데이터베이스 모니터링	대부분의 클라우드 애플리케이션은 데이터베이스를 사용하므로, 데이터베이스의 프로세스, 질의, 가용성 등을 모니터링하는 것은 아주 중요하다. 보안을 위해서 데이터베이스 액세스 기록도 역시 추적되고 관리된다.
웹사이트 모니터링	클라우드에서 호스팅되는 웹사이트의 성능, 트래픽, 가용성, 자원 활용 등을 모니터링한다.
가상 네트워크 모니터링	파이어월, 라우터, 로드 밸런서 등의 네트워크 소프트웨어 버전을 관리한다. 예를 들어 특정 가능 라우터가 트래픽 과부하에 걸린 경우 네트워크 모니터링을 통해 가상 네트워크를 조정하게 된다. 가상 네트워크 관리는 하드웨어 변경 없이 이런 작업을 용이하게 해준다.
클라우드 스토리지 모니터링	클라우드의 가상 머신, 서비스, 데이터베이스, 애플리케이션에서 사용되는 스토리지를 모니터링한다. 이것은 IaaS와 SaaS에서 스토리지 사용에 대한 각종 지표들을 점검하기 위해 많이 사용된다.
버추얼 머신 모니터링	컴퓨터 내의 가상 컴퓨터 시뮬레이션을 관리하는 것이다. 보통 복수의 버추얼 데스크탑을 호스팅하는 버추얼 서버를 관리하게 된다. 클라우드에서의 버추얼 머신 모니터링은 각 머신의 사용자와 트래픽 등을 기존의 IT 인프라 모니터링보다 훨씬 쉽게 관리할 수 있게 해준다.
애플리케이션 성능 모니터링	클라우드상에서 구동되는 각종 애플리케이션의 성능을 관찰하고 애플리케이션의 라이프 사이클에 걸친 주요 성능지표(KPI)를 지속적으로 점검한다. 주요 관찰 항목으로는 데스크탑과 모바일 환경에서의 속도 점검, 비즈니스 항목에 대한 수치(예를 들면 로그인과 체크아웃 횟수) 등이 있다.

클라우드의 미래에 투자하라

클라우드 모니터링의
떠오르는 강자 '데이터독'

데이터독(Datadog)은 말 그대로 클라우드상의 회사 데이터를 경비견처럼 안전하게 지켜준다는 의미를 갖는 회사이다. 회사 로고에도 데이터를 지켜주는 개의 모습을 사용하고 있다. 데이터독은 와이어리스 제네레이션(Wireless Generation) 출신의 두 프랑스인 올리비에 폼멜(Olivier Pomel)과 알렉시스 르쿠(Alexis Le-Quoc)에 의해 2010년에 창립됐다. 처음에는 클라우드 관련 데이터 통합 플랫폼과 인프라 모니터링으로 시작했지만 조금씩 클라우드 모니터링의 다른 분야로 확장했다. 2016년에는 애플리케이션 성능 모니터링 분야에 진출했는데, 이 분야가 결국 데이터독의 주력 사업이 됐다. 2018년에는 로그 관리 및 분석, 2019년에는 네트워크 모니터링과 종합적(Synthetic) 모니터링 분야에 진출하면서 서비스의 폭을 넓혔다. 2019년에는 나스닥에 상장했으며, 2020년도의 매출은 6억 달러를 기록했다.

■ **친근한 데이터독의 로고**

데이터독의 APM은 샘플링을 이용하지 않고 모든 브라우저 혹은 모바일 앱 내에서의 활동을 추적한다. 그 과정에서 문제 혹은 오류가 발생했을 때 바

■ 2021년 기준 APM 솔루션 업체 비교

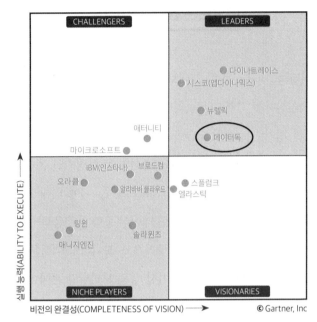

자료: 가트너

로 파악할 수 있도록 도와준다. 특정 사용자·페이지·국가 등에서 애플리케이션이 느리게 작동하는 경우가 발생했을 때도 알려준다. 워치독(Watchdog)이라는 기능은 인공지능 기술을 활용하여 사람이 관찰할 필요 없이 자동적으로 예상되는 문제들을 파악하여 알려준다. 가트너는 데이터독의 APM을 다이나트레이스(Dynatrace)와 시스코(Cisco) 등 APM 업계에서 널리 알려진 전통적인 강자들과 함께 선두 주자 중의 하나로 발표했다.

2021년에는 마이크로소프트와 파트너십을 맺어서 데이터독을 애저 포탈(Azure Portal)에서 바로 사용 가능하게 됐다. 심지어 데이터독 사용료 지불도 애저와 연동되어 한꺼번에 할 수 있도록 지원된

■ 애저 포탈에 임베딩된 데이터독의 모습

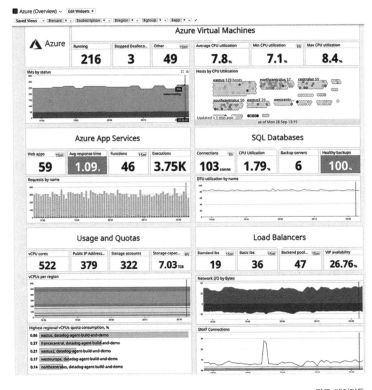

자료: 데이터독

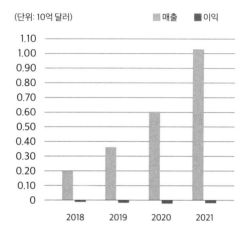

■ 데이터독 연간 매출 및 이익

(단위: 10억 달러)　　　　　■ 매출　■ 이익

자료: 야후 파이낸스

다. 이런 식의 제3자 모니터링 서비스를 바로 연동시키는 통합적인 파트너십은 업계 최초로서, 데이터독의 업계에서의 위상을 보여준다고 할 수 있다.

데이터독은 2017년엔 연간 매출이 1억 달러 정도였으나 매년 폭발적인 매출 성장을 기록하여 2020년 매출은 6억 달러를 돌파했고 2021년 매출은 4년 만에 10배가 증가하여 10억 달러를 돌파했다.

데이터독은 2022년 1분기에는 매출이 전년 동기 대비 82% 늘어난 3억 6,300만 달러를 기록했으며, 영업이익은 전년 동기 대비 320% 성장한 8,400만 달러를 나타냈다. 안정적 성장성을 나타내는 지표인 ARR(Annual Recurring Revenue)이 10만 달러가 넘는 대형 고객의 수는 2022년 1분기 기준 2,250로, 전년 1분기의 1,406에 비해 60%가 증가했다.

월가의 뷰

클라우드 기반 모니터링 및 보안 소프트웨어 업체인 데이터독은 기업들의 이커머스에 대한 투자 확대와 원격 근무의 증가로 많은 수혜를 받았다. 특히 최근 퍼블릭 클라우드의 도입이 보편화되면서 데이터독이 제공하는 클라우드 모니터링 서비스도 함께 대중화되었다. 데이터독의 솔루션은 업계에서 가장 앞서나가는 혁신적인 솔루션으로 인식되어 있다.

미국 투자은행 BTIG의 애널리스트 그레이 파월(Gray Powell)은 향후 수년간 데이터독의 연평균 매출 성장률이 30%대를 유지할 것으로 전망했다. 그는 기업들의 디지털 트랜스포메이션에 대한 투자 증가로 클라우드 모니터링 수요가 꾸준히 증가하면서 매출 성장세를 견인할 것으로 예상했다. 특히, 데이터독의 주력 솔루션인 로그 관리(Log Management)와 APM(Application Performance Monitoring)은 연간 구독 매출이 2022년에 5억 달러를 돌파하면서 당분간 매년 100% 내외의 연간 성장률을 보여줄 것으로 전망했다.

클라우드와 메타버스

2022년의 테크 업계를 관통하는 가장 핫한 키워드 중 하나는 메타버스이다. 메타버스는 가상·초월을 의미하는 메타(Meta)와 세계·우주를 의미하는 버스(Verse)의 합성어로서, 온라인상에서의 가상세계를 의미한다. 스티븐 스필버그의 영화 〈레디 플레이어 원〉에서 나오는 세계가 메타버스의 미래를 잘 보여준다.

메타버스에서는 여러 가지 활동이 가능하지만, 2022년 현재 시점에서 가장 활발하고 사용자가 많은 메타버스 활동은 게임이다. 전통적으로 대부분의 게임은 사용자의 스마트폰, 게임 콘솔, PC에 다운로드가 돼야 실행이 가능했다. 인터넷이 보편화되면서 게임 플레이어들 간의 게임 내에서의 상호 작용이 활발해졌지만, 게임 자체는 플레이어들의 디바이스상에서 수행됐다. 하지만 클라우드 플랫폼이 발전하면서 많은 게임들이 클라우드로 옮겨가고 있다. 즉 게임을 자신의 디바이스에 다운로드할 필요 없이 인터넷을 통해 클라우드에 접속해서 바로 게임을 즐길 수 있는 것이다. 이와 같은 흐름에 발맞추어 AWS, 마이크로소프트 애저, 구글 클라우드와 같은 메이저 클라우드 플랫폼들도 게임회사들의 온라인게임 서버 및 관련 서비스 지원을 위한 클라우드 서비스를 제공하고 있다.

클라우드 게이밍은 향후 폭발적인 성장이 기대된다. 시장조사회사 그랜드 뷰 리서치에 따르면 글로벌 클라우드 게이밍 시장은 2021년부터 2027년까지 연평균 48% 성장이 예상되며 2027년에는 시장 규모가 7조 달러에 이를 것이라고 전망된다.[5]

미국 어린이들이 열광하는 게임 플랫폼 '로블록스'

미국에서 초등학교 학생들이 가장 시간을 많이 쓰는 웹사이트는 어디일까? 페이스북도, 구글도 아니다. 바로 로블록스이다. 미국 어린이들의 평균 로블록스 사용 시간은 하루에 자그마치 2.6시간이다.[6] 로블록스 안에서 어린이들은 친구들과 함께 다양한 게임을 즐기고, 나아가 스스로 게임을 만들기도 한다. 만든 게임이 호응이 좋

■ 텐센트와 합작한 로블록스 중국 버전

罗布乐思是由腾讯与美国 Roblox 共同成立的合资公司。

자료: 로블록스

을 경우 상당한 돈을 벌 수도 있다.

로블록스는 온라인 게임 플랫폼이자 게임 제작 시스템으로서 2004년에 데이빗 바주키와 에릭 캐셀에 의해 설립됐다.[7] 그 두 사람은 이전에 인터액티브 피직스(Interactive Physics)라는 교육 소프트웨어 업체를 창업한 경험이 있었다. 2006년에 공식 출시된 로블록스 게임은 원래 PC 버전 게임이었으나, 2012년 iOS, 2014년 안드로이드 버전이 출시되면서 모바일 사용자들을 끌어들이기 시작했다.

2013년에는 개발자 익스체인지(Developer Exchange) 프로그램을 시작했다. 이 프로그램을 통해서 개발자들은 자신들이 개발한 프로그램으로 벌어들인 로벅스(Robux, 로블록스 내에서 벌어들인 게임용 통화)를 현금화할 수 있게 된다. 이 시점부터 로블록스는 급속한 성장을 시작했다.

로블록스는 2016년에 오큘러스와 파트너십을 맺어서 로블록스 VR을 출시했다. 2018년부터는 해외 진출을 시작했고, 2019년에는 중국의 텐센트와 제휴를 맺어 중국에 진출하기도 했다. 2021년에는 뉴욕거래소(NYSE)에 RBLX라는 티커로 직상장(Direct Listing)했다.

2020년 말 기준, 로블록스의 일일 평균 활성 사용자 수는 3,260만 명에 이르며, 2,000만 개 이상의 다양한 게임 및 액티비티가 존재한다. 로블록스 사용자의 절반이 12세 이하 어린이들이다.

로블록스 플랫폼은 크게 3가지로 나뉜다. 첫 번째는 게임 개발자를 위한 로블록스 스튜디오이다. 로블록스 스튜디오는 로블록스 전용 게임 및 경험 제작 도구이다. 복잡한 코딩이 필요 없이 게임 제작이 가능하기 때문에 로블록스 주요 사용자인 어린이들도 쉽게 게임을 개발할 수 있다.

두 번째는 로블록스 사용자들이 사용하는 애플리케이션인 로블록스 클라이언트이다. 로블록스 클라이언트를 통해서 사용자는 게임을 실행할 수 있고 게임을 하면서 친구들과 그룹 채팅도 가능하다.

세 번째는 모든 로블록스 플랫폼을 지원하는 로블록스 클라우드이다. 처음에는 AWS 같은 상용 클라우드 서비스를 활용했으나, 전략을 바꾸어서 몇 년 전부터 자체 클라우드 시스템을 건립하기 시작했고 지금은 대부분의 로블록스 서비스는 자체 클라우드상에서 지원된다.

로블록스의 매출은 로블록스의 게임 화폐인 로벅스 판매로 이뤄진다. 로벅스를 통해서 로블록스 사용자들의 게임 혹은 게임 내 아이템을 구매할 수 있다. 개발자들은 로블록스에서 제작 도구 혹은 3D 모델을 판매할 때 로벅스를 받고 아이템 제작자들도 아바타용 악세사리 등을 판매할 때 로벅스를 받는다. 이렇게 얻은 로벅스는 일정 수준 이상이 되면 현금화할 수 있다.

로블록스 측에서 받는 수수료는 개발자 마켓플레이스의 경우 30%, 아바타 마켓플레이스의 경우 70% 수준이다. 즉, 개발자들은 판매액의 70%를 가져가기 때문에, 히트 게임을 개발할 경우 상당한 수익을 올릴 수 있다. 로블록스 게임만 전용으로 개발하는 회사들도 상당수 있다.

로블록스 프리미엄이라는 구독 서비스도 있다. 매달 정기적으로 로벅스를 구입하는 로블록스 프리미엄에 가입하면 로벅스를 할인해 주고 게임에서 사용할 수 있는 혜택도 제공한다. 이러한 구독 서비스는 고객을 오랜 기간 묶어둘 수 있는 효과가 있기 때문에 매출과 이익에도 긍정적인 작용을 한다.

로블록스에서 일어나는 대부분의 활동은 게임이지만, 최근에는 게임 이외의 영역에도 적극적으로 진출하려는 움직임을 보이고 있

■ 릴 나즈 엑스의 로블록스 콘서트 장면

자료: 로블록스

다. 2020년에는 유명 가수인 릴 나즈 엑스(Lil Nas X)가 로블록스 안의 가상 세계에서 콘서트를 열어서 큰 화제가 됐다. 이 콘서트의 실시간 조회수는 3,300만 회를 기록했다.

로블록스의 주 사용 고객은 9~12세의 아이들인데, 13세 이상의 참여를 높이기 위해서 로블록스에서도 다양한 노력 중이다. 실제적인 그래픽으로 보다 깊이 있는 게임 경험을 제공하며 아바타에 더욱 생생한 표정을 집어넣는 것 등이 그 예 중 하나다. 이와 같은 노력 덕분에 13세 이상 그룹에서 두드러지게 높은 성장률을 보여주고 있다.

로블록스는 팬데믹 이후에 어린이들이 집에 있는 시간이 길어지

분기별 로블록스 일간 활성 사용자 수와 사용 시간

일간 활성 사용자 수(100만 명)

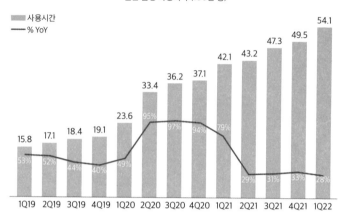

사용 시간(100만 시간)

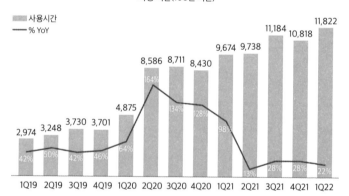

자료: 로블록스

■ 로블록스 연간 매출과 이익

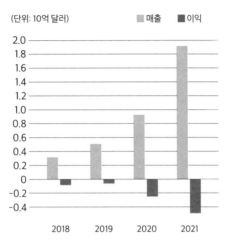

(단위: 10억 달러)　■ 매출　■ 이익

자료: 야후 파이낸스

면서 2020년 2분기부터 폭발적인 성장을 하기 시작했다. 로블록스의 일간 활성 사용자 수와 사용 시간 모두 급격한 증가를 보인 것이다.

　이와 같은 폭발적 성장에 힘입어 로블록스는 2021년 3월 NYSE에 직상장했다. 상장 당일 시가총액은 383억 달러였는데, 이것은 전통적인 게임업계의 강자 EA와 비슷한 규모이다.

　매출 규모도 이 같은 흐름을 타고 2020년 9억 달러에서 2021년 19억 달러로 두 배가 넘는 폭발적 증가를 기록했다. 2021년 4분기 실적 발표에 따르면, 2021년 4분기 매출은 5억 6,800만 달러로 전년 동기 대비 83%나 성장했고, 평균 일간 활성 이용자 수도 4,950만 명으로 전년 동기 대비 28% 증가했다. 미래 매출의 근거가 되는 판매 예약 금액(Booking)은 7억 7,000만 달러로 전년 동기 대비 20% 증가했다.

로블록스는 메타버스, 모바일 게임, 소셜 네트워크와 같은 최신 성장 트렌드에 절묘하게 올라탄 기업이다. 로블록스는 애플 앱스토어와 같은 자체 생태계를 구축하고 있고 이미 수많은 개발자들이 로블록스 생태계 안에서 콘텐츠를 개발하고 있다.

미국 투자은행 JP모간체이스의 데이빗 카노프스키(David Karnovsky) 애널리스트는 팬데믹 상황이 서서히 종료되어 가면서 2020~2021년과 같은 폭발적인 성장은 기대하기 어렵겠지만, 메타버스에서 새로운 기회가 생길 것으로 보이기 때문에 2022년 이후에도 꾸준한 성장을 예측했다.

반면, 카노프스키 애널리스트는 현재 전체 사용자의 83%에 이르는 25세 이하 로블록스 사용자들이 나이가 들어가면서 어떻게 그들을 계속 붙잡아둘 수 있는지가 미래 성장에 있어 중요한 관건이 될 것으로 전망했다. 또한 포트나이트로 대표되는 경쟁 게임과 언리얼 게임 제작 엔진을 보유하고 있는 에픽 게임즈도 메타버스 시장에서 큰 위협이 될 수 있다는 점도 염두해야 한다는 분석이다.

문서 및 계약 관리 클라우드

문서 및 계약 관리 클라우드는 팬데믹의 수혜를 가장 많이 본 클라우드 분야 중의 하나이다. 예전엔 각 기업의 대표자가 만나서 직접 중요한 계약을 하는 것이 일반적이었지만, 팬데믹으로 인해 대부분의 직원이 재택근무를 하는 상황에서는 계약서의 서명도 대면 접촉 없이 해야 하기 때문이다. 이러한 형태의 비대면 디지털 서명은 팬데믹 이전에도 존재했지만, 팬데믹 이후에는 아예 이것이 계약의 필수 조건이 되면서 관련 클라우드 솔루션에 대한 수요가 폭발적으로 늘어나게 됐다.

계약 관리 클라우드의
대명사가 된 '도큐사인'

도큐사인(Docusign)은 2003년 코트 로렌지니(Court Lorenzini), 탐 곤서(Tom Gonser), 에릭 랜프트(Eric Ranft)에 의해 웹 기반 디지털 사인과 협업을 위해 시애틀에서 설립됐다.[8] 그 당시에도 다른 디지털 서명 솔루션들이 있긴 했지만, 아주 사용하기 복잡했다. 2005년에는 집폼(zipForm)이라는 첫 제품이 나왔고, 이것은 부동산 거래의 서명을 지원하기 위하여 개발됐다.

2010년에 본사를 시애틀에서 샌프란시스코로 이전한 도큐사인은 아이폰과 아이패드 지원을 시작하며 디지털 서명의 수요를 본격적으로 증가시키는 계기를 마련했다. 이후 도큐사인은 페이팔, 세일즈포스 등과 파트너십을 맺으면서 사업 규모를 확장시켜 나갔다.

도큐사인은 2018년에 나스닥에 상장됐고 상장 첫날의 주가는 39달러였다. 2020년 팬데믹으로 인해 비대면 계약이 필수조건이 되면서 도큐사인의 비즈니스 수요가 폭증했고 주가도 따라서 폭등하여 2021년 7월에는 200달러를 돌파했다. 2021년 기준 도큐사인은 전자서명 분야에서 시장점유율 세계 1위를 기록했으며, 고객 수는 거의 90만 명에 달한다.

도큐사인은 이제 단순히 전자서명뿐만 아니라 계약 관련 전체 프로세스를 지원하는 계약 클라우드(Agreement Cloud)란 통합적 개념의 서비스를 제공하고 있다. 이 계약 클라우드의 서비스 중 핵심 서비스는 CLM(Contract Lifecycle Management)과 인사이트(Insight), 애널라이저(Analyzer)이다.

CLM은 계약서의 생성과 협상 과정, 수정사항 및 버전 관리 등의 전체적인 계약 라이프사이클을 관리하는 솔루션이다. CLM을 통해서 승인권자, 리뷰 담당자, 작성자들의 업무 진행 사항을 종합적으로 추적 및 관리할 수 있고, 모든 계약서들을 보안성을 갖춘 디지털

■ **도큐사인 인사이트 화면**

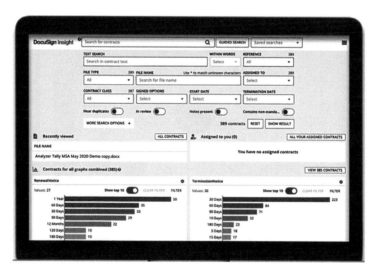

자료: 도큐사인

저장소에 저장하여 필요할 때마다 검색할 수 있다.

인사이트는 계약서 안에 들어 있는 내용을 분석하는 도구이다. 계약서 안의 특정한 문구를 손쉽게 검색하고 필터링할 수 있다. AI 기능을 활용해서 다른 버전의 계약서와 비교할 수도 있고, 특정 키워드뿐만 아니라 개념적으로도 계약서 내 검색을 수행할 수 있다.

애널라이저는 인공지능을 활용하여 계약 협상을 지원하는 도구이다. 계약서 내에서 특정 문구를 자동 생성할 수 있고 특정 용어의 사용 분석도 가능하다. 계약 내용에서의 리스크 분석 및 스코어링

■ **도큐사인 회계 연도별 전체 고객 숫자와 연평균 증가율**

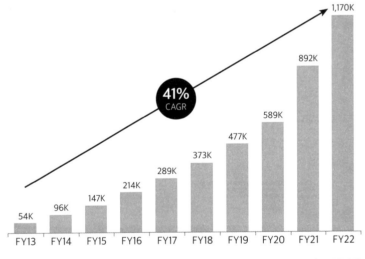

자료: 도큐사인

클라우드의 미래에 투자하라

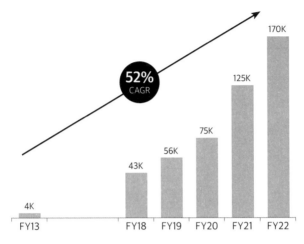

자료: 도큐사인

도 가능하다. 사전에 승인된 문구들의 모음이 있다면 그것을 자동으로 연결시켜 사용 가능하다. 또한 CLM과 연동시켜서 계약 형태와 리스크에 따라 자동으로 적절한 워크플로우로 보낼 수 있다.

　도큐사인은 최근 비약적인 성장을 해왔고, 팬데믹 이후에는 성장 속도가 더 빨라졌다. 전체 고객 수는 FY21(2020년 2월~2021년 1월)에 89만 명을 기록했고, FY22(2021년 2월~2022년 2월)에 처음으로 100만 명을 넘어선 117만 명을 나타냈다. 연평균 전체 고객 수 성장률은 41%를 기록했고, 보다 이익률이 좋은 기업고객으로 한정하면 FY13부터 FY22까지 연평균 성장률은 52%를 기록했다.

■ 도큐사인 연간 매출 및 이익

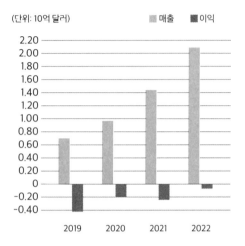

(단위: 10억 달러) ■ 매출 ■ 이익

자료: 야후 파이낸스

기존 고객의 충성도와 제품 만족도를 보여주는 중요 지표인 NRR(Net Retention Rate)도 FY20 1분기(2019년 2~4월) 이후 매분기 꾸준히 증가하고 있다.

현재 매출의 80%는 미국에서 발생하고 있지만, 미국 외에서의 매출도 미국 내 매출 성장률보다 훨씬 빠르게 성장하고 있다. 북미 외에도 유럽, 중남미, 아시아 및 오세아니아 지역에서 사업을 진행하고 있으며 한국에도 진출해 있다.

FY22 4분기(2021년 11월~2022년 1월) 실적 발표에 의하면, 분기 매출은 5억 8,000만 달러로 전년 동기 대비 35% 증가했다. GAAP 기

클라우드의 미래에 투자하라

준 주당 순손실은 15센트로 전년 동기의 38센트 대비 61% 감소했다. FY22(2021년 2월~ 2022년 1월) 매출은 21억 달러로, 창사 이래 최초로 연간 매출 20억 달러를 돌파했다.

전자서명 분야의 경우 도큐사인이 가장 앞서 있지만 후발 주자들의 추격도 만만치 않다. 헬로사인(HelloSign)은 도큐사인과 매우 비슷한 서비스를 제공하지만 더 낮은 가격을 제시하고 있다. 크리에이티브 소프트웨어의 강자인 어도비의 경우 경쟁 제품인 어도비 사인(Adobe Sign)을 다른 어도비 제품에 번들로 제공하면서 시장점유율 확대를 노리는 중이다.

월가의 뷰

전자서명 시장은 팬데믹을 계기로 크게 확대되어 250억 달러 규모에 이르고, 전자서명이 주는 편리함 덕분에 앞으로 더 확대될 가능성이 높다. 도큐사인은 전자서명 분야에서 독보적인 선두 주자이고 2위와 두 배 이상 차이가 난다.

미국 투자은행 JP모간체이스의 스털링 어티(Sterling Auty) 애널리스트는 전자서명 및 전자 계약 시장이 팬데믹 이후에도 계속 성장할 것으로 내다봤다. 전자서명이 가져다주는 편리함과 비용 절감 효과를 기업들도 잘 알고 있기 때문이다.

하지만, 팬데믹 상황이 종료되어 가는 2022년 이후에는 팬데믹 시대만큼의 고성장은 당분간 기대하기 힘들 것으로 예측하고 있다. 따라서 회사의 세일즈 전략은 폭발하는 수요 충족에서 새로운 성장을 위한 수요 개발로 전환될 필요가 있다고 어티 애널리스트는 내다봤다.

IT 서비스 및 워크플로우 관리 클라우드

다양한 IT 서비스가 등장하고 IT 시스템이 점점 고도화되고 복잡해지면서, IT 서비스 관리의 중요성이 더욱 높아지고 있다. 이에 따라 IT 서비스 관리 소프트웨어들은 IT 서비스가 지원하는 비즈니스의 성공에 더욱 중요한 역할을 하고 있다.

IT 서비스 관리(ITSM) 소프트웨어들은 IT 서비스의 소비, IT 서비스를 지원하는 인프라의 관리 등을 담당한다. 이러한 도구들은 IT 헬프데스크 및 IT 서비스 조직에서 각종 서비스 관련 문제 해결 워크플로우 생성 및 관리를 지원해준다. 고급 IT 서비스 관리 소프트웨어들은 이에 더해서 서비스 수준 관리, IT 운영 관리, 협업 관리 등의 도구도 제공한다.

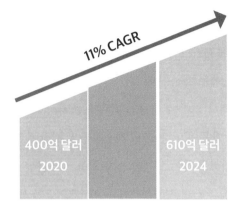

■ 2020~2024년 IT 워크플로우 자동화 시장 규모 예측

11% CAGR

400억 달러
2020

610억 달러
2024

자료: 가트너

가트너의 전망에 따르면 IT 워크플로우 자동화 시장 규모는 2020년에는 400억 달러를 기록했고, 연평균 11% 성장해서 2024년에는 610억 달러에 달할 것으로 예측된다.

디지털 워크플로우
최적화 솔루션의 개척자 '서비스나우'

서비스나우(ServiceNow)는 2003년 페레그린 시스템스의 CTO를 지낸 프레드 러디(Fred Luddy)가 거의 오십이 다 된 나이에 창업한 회사다.[9] 그의 사업 아이디어는 오피스에서 일어나는 각종 서비스를 인터넷상에서 구독 기반으로 구현하는 것이었다. 덕분에 고객들은 소프트웨어를 업그레이드할 필요 없이 계속 서비스를 받을 수 있었고, 요즘 소프트웨어의 대세인 SaaS의 선구자 중의 하나가 된다.

하지만 초반에는 제품이 뚜렷한 특징이 없어서 시장의 반응이 미지근했다. 그래서 러디는 제품의 범위를 좁혀서 IT 서포트 관리용 소프트웨어로 만들었고, 2005년부터 조금씩 시장에서 반응이 오기 시작했다. 서비스를 찾는 고객이 늘자 회사는 조금씩 성장하기 시작했고, 2009년에는 실리콘밸리의 거물 벤처캐피탈인 세콰이어로부터 투자를 받았다. 러디는 이때부터 자신이 잘할 수 있는 분야인 제품 개발에 집중하기로 하고 회사를 다음 단계로 성장시킬 수 있는 새로운 CEO를 물색했다. 이렇게 해서 영입된 새로운 CEO가 프랭크 슬루트먼(Frank Slootman)이다. 슬루트먼은 영업 조직을 강화하고 존슨앤존슨과 같은 대형 고객의 입맛에 맞게 제품을 개선했다.

서비스나우는 인수 제안을 받기도 했다. 2011년에 VM웨어가 25억 달러에 인수 제안을 한 것이다. 러디는 매각을 고려했으나, 투자했던 세콰이어는 회사가 훨씬 더 큰 성장을 할 것이라 믿어 반대했고, 결국 매각이 무산되면서 다음 해인 2012년 회사는 상장을 하게 됐다. 슬루트먼 서비스나우 CEO는 관련 신기술을 가진 업체들을 계속 인수했고 덕분에 회사는 급속도로 성장하면서 IT 헬프데스크의 많은 업무들을 자동화해주는 솔루션 업체로 자리를 굳히게 됐다. 서비스나우는 또한 IT 서비스 이외에도 HR과 보안 등 다른 연관 분야의 자동화 시장에도 진출하게 된다. 2016년 서비스나우는 시가총액이 120억 달러를 돌파했고, 2021년 8월 말 기준으로는 1,200억 달러를 넘어 매각을 고려했던 가격보다 거의 50배 가까이 커지게 된다.

서비스나우의 간판 제품은 IT 워크플로우(IT Workflows), 그중에

■ **2020년 기준 ITSM 분야 솔루션 제공 벤더 평가 자료**

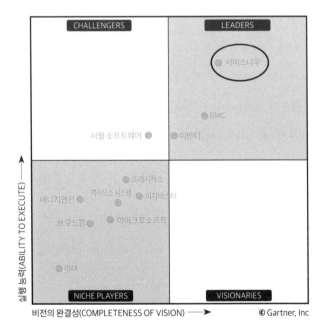

자료: 가트너

서도 IT 서비스 관리(IT Service Management)이다. 상세 기능을 살펴보면, 오류 관리(Incident Management)는 각종 오류와 사고들을 관리하고 오류의 해결과정들을 기록한다. 인공지능을 활용하여 알맞은 직원이나 팀에게 오류 해결을 요청한다. 문제 관리(Problem Management)는 문제가 발생시 문제의 근본 원인을 추적하여 같은 문제가 다시 발생하지 않도록 도와준다. 문제 해결 과정을 쉽게 문서화 할 수 있도록 해주기도 한다. 수정 및 릴리즈 관리(Change and Release Management)는 각종 수정사항과 릴리즈를 관리해준다. 위험도가 낮은 간단한 수정은 승인 과정을 자동화한다.

가트너의 ITSM 분야 솔루션 평가에 의하면 서비스나우는 ITSM 분야에서 7년 연속으로 '업계 리더'의 위치에 있으며 업계에서 다른 경쟁사들보다 훨씬 좋은 평가를 받고 있다. ITSM 분야의 시장점유율은 2위 업체의 4배 이상이다. AI 분야의 스타트업들을 인수하면서 제품 내에 인공지능을 활용한 고급 기능들을 적극적으로 구현하고 있다.

서비스나우는 간판 솔루션인 IT 워크플로우 외에도 다른 워크플로우 솔루션 분야에 진출하여 서비스의 폭을 넓히고 있다.

서비스나우 워크플로우 솔루션

1) **임직원 워크플로우(Employee workflows):** 주로 직장에서 HR이 담

당하는 직원 관리에 대한 업무를 지원하는 솔루션이다. 예를 들면 신입 직원 교육, 각종 직원용 서비스, 지식경영 서비스, 회의실 예약, 사무용품 구매 등의 업무를 지원한다. 최근 코로나19 대처 관련 워크플로우를 출시하여 좋은 반응을 얻었다.

2) **고객 워크플로우**(Customer workflows): 고객 서비스 업무를 지원하는 솔루션이다. 고객 서비스를 담당하는 플로우에 걸쳐 있는 여러 팀들을 연결시켜주고, 미리 문제가 발생할 것 같은 사항을 인지하여 알려주기도 한다. 간단한 문제는 고객이 직접 처리할 수 있도록 도

■ **서비스나우의 최근 6년간 정기구독 매출 및 성장률**

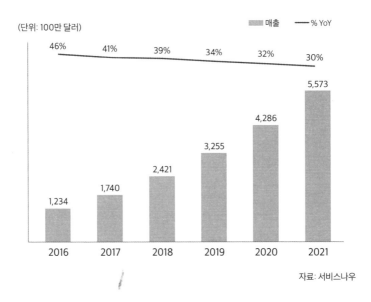

(단위: 100만 달러)   ▨ 매출 ── % YoY

	2016	2017	2018	2019	2020	2021
% YoY	46%	41%	39%	34%	32%	30%
매출	1,234	1,740	2,421	3,255	4,286	5,573

자료: 서비스나우

■ **서비스나우 연간 매출 및 이익**

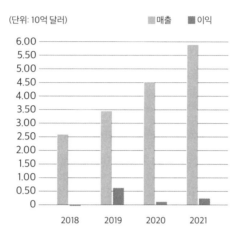

(단위: 10억 달러)　　■ 매출　■ 이익

자료: 야후 파이낸스

와준다.

　3) **개발자 워크플로우(Creator workflows)**: 디지털 워크플로우를 복잡한 코딩을 할 필요 없이 생성할 수 있도록 해주는 솔루션이다. 개발자뿐만 아니라 비개발자도 스스로 간단한 워크플로우를 생성할 수 있도록 도와주는 앱 엔진을 내장하고 있다.

　서비스나우의 서비스는 거의 대부분 정기구독으로 이루어지고, 2016~2021년 연평균 성장률(CAGR) 29%에 달하는 고성장을 보여주고 있다. 서비스나우는 다양한 제품 라인업을 갖추면서 복수의 제품을 구독하는 고객의 비율도 증가하고 있다. 2020년의 경우 95%의 고객이 2개 이상의 제품을 구독하고 있으며, 3개 이상의 제품을 구독하는 고객의 재계약 비율은 99%에 달한다.

서비스나우의 2022년 1분기 실적 발표에 따르면, 구독 매출은 16억 3,100만 달러로 전년 동기 대비 26% 증가했다. 미래의 매출 규모의 근간이 되는 잔여 계약금액은 56.9억 달러로 전년 동기 대비 30.5% 증가했다. 계약 갱신 비율은 99%로 매우 높은 수준이다.

월가의 뷰

IT 서비스 인프라 소프트웨어 분야에서 급성장하고 있는 서비스나우는 타깃하는 총 시장 규모가 1,100억 달러 규모에 이른다. 서비스나우는 기존의 IT 서비스 거인들인 BMC와 HP 등과 맞서 성공적으로 사업을 확장해왔다. 미국 투자은행 JP모간체이스의 잭슨 에이더(Jackson Ader) 애널리스트는 서비스나우가 새롭게 확장하는 분야인 HR 서비스 등은 구조화된 워크플로우가 많이 도입되어 있지 않기 때문에 추가 매출을 획득할 여력이 많다고 전망했다.

하지만, 에이더 애널리스트는 이러한 신규 서비스들이 계획대로 순조롭게 시장을 장악하지 못할 경우 회사의 전체적인 성장세가 둔화될 위험도 있다고 지적했다. 또한 지속적인 고성장 덕분에 이미 현재 매출 대비 주가가 상당한 프리미엄을 받고 있는 상태이므로, 영업 수행에 문제가 발생할 경우 주가에 상당한 충격이 있을 수 있다고 에이더 애널리스트는 전망했다.

커뮤니케이션 플랫폼 클라우드 (CPaaS)

CPaaS(Communication Platform as a Service)라고도 불리는 커뮤니케이션 플랫폼 클라우드는 개발자들로 하여금 백엔드 인프라와 인터페이스를 따로 구축할 필요 없이 애플리케이션 사이의 실시간 커뮤니케이션을 가능하게 하는 클라우드 기반 플랫폼이다. 스카이프(Skype)나 페이스타임(Facetime) 같은 전통적인 통신 애플리케이션은 오랫동안 커뮤니케이션의 표준으로 사용되어왔다. 왜냐하면 애플리케이션을 구축할 때 이러한 커뮤니케이션 기능을 추가하는 것이 복잡하고 어려웠기 때문이다.

CPaaS는 이러한 커뮤니케이션 기능을 따로 구축할 필요 없이 실시간 커뮤니케이션을 가능하게 하는 개발 프레임워크를 제공한다.

이것은 보통 애플리케이션 프로그래밍 인터페이스(API), 샘플 코드, 사전에 제작된 애플리케이션 등으로 이루어진다. CPaaS 서비스 제공 회사들은 개발자들이 이러한 서비스를 개발에 활용할 수 있도록 서포트와 제품 관련 문서들도 함께 제공한다.

CPaaS 제공 회사들은 다양한 크기의 고객사들이 손쉽게 커뮤니케이션 기능을 그들의 애플리케이션에 추가할 수 있도록 클라우드 기술을 활용한다. CPaaS를 사용하는 개발팀들은 이러한 방법을 통해 인건비와 인프라 구축 비용 등을 절감할 수 있다.

비즈니스 커뮤니케이션 클라우드의 선두 주자 '트윌리오'

트윌리오(Twilio)는 가장 대표적인 CPaaS 회사 중의 하나이고 2008년에 제프 로슨(Jeff Lawson), 에반 쿡(Evan Cooke), 존 울투이스(John Wolthuis)에 의해 창립됐다.[10] 제프 로슨은 아마존이 AWS를 시작했을 때 그 팀에 있었고, 클라우드 기반의 컴퓨팅 서비스 사업에 관한 아이디어를 얻게 된다. 로슨은 친구였던 쿡과 울투이스와 함께 클라우드 기반 통신 서비스의 프로토타입을 개발했고 AWS에 공개한다. 이것은 개발자들로부터 열광적인 반응을 얻게 되고, 세 명의 공동 창업자는 본격적인 사업을 시작했다.

이 창업자들이 초기 투자 자금을 모집할 때, 대부분의 벤처 캐피털들은 개발자를 대상으로 창업하는 것은 좋은 전략이 아니라며 투자를 거절했다. 왜냐하면 개발자들은 회사에서 예산에 대한 영향력이 없기 때문이다. 하지만 트윌리오의 잠재력을 알아본 벤처캐피탈 베세머(Bessemer)를 비롯한 몇몇 투자자에게 투자를 받게 되고 결국 창업에 성공했다.

창업 후 가장 처음 발표된 제품은 트윌리오 보이스(Twilio Voice)로 클라우드 기반으로 전화를 걸거나 받을 수 있는 응용프로그래밍인터페이스(API)였다. 이 제품을 통해서 개발자들은 그들의 애플리케이션에서 전화 기능을 손쉽게 추가할 수 있게 된다. 2010년에는 텍스트 메시징 API를 발표하기도 했다.

아주 작은 스타트업이었던 트윌리오가 성장할 수 있었던 계기는 2011년 10월에 일어났다. 우버의 메시징을 담당하던 업체가 정기 점검을 수행하면서 우버의 메시징 기능이 잠시 중단된 것이다. 트윌리오의 CEO였던 제프 로슨이 당시 우버의 이사회 임원이었던 랍 헤이스에게 연락했더니 헤이스는 라슨을 우버 CEO 트래비스 캘러닉에게 소개시켜줬다. 이것을 계기로 트윌리오는 우버의 문자메시지 기능을 담당하게 된다. 그 이후 트윌리오는 우버의 음성통화 기능까지 담당하게 되면서 성장 가도를 달리게 된다. 트윌리오는 2016년에 뉴욕 증시에 상장하고, 첫날 주가가 92%까지 폭등하며 화려하게 증

자료: 트윌리오

시에 데뷔했다.

트윌리오는 개발자 고객들에게 애플리케이션 기반 통신을 가능하게 하는 다양한 종류의 소프트웨어 도구들을 제공한다. 이러한 도구들은 3단계 클라우드 계층으로 이루어진다.

1) 슈퍼 네트워크: 트윌리오의 소프트웨어 기반 최적화 레이어가 담겨 있는 글로벌 통신 사업자들의 네트워크이다. 이 파트너들은 주로 통신회사와 무선 통신 사업자들이다. 슈퍼 네트워크는 트윌리오 플랫폼의 기본 레이어가 된다. 슈퍼 네트워크는 전 세계 9개 지역에 걸쳐 25개의 데이터센터로 이루어져 있고, 음성 및 문자 등의 커뮤니케이션의 품질과 비용을 최적화하기 위해서 막대한 양의 데이터를 분석할 수 있게 한다.

2) 채널 API: 슈퍼 네트워크상에 존재하는 채널 API는 개발자들로 하여금 애플리케이션에 임베딩할 음성, 문자, 비디오, 이메일 기능을 가능하게 해주는 API를 지정할 수 있게 한다. 채널 API는 프로그램 가능 음성, 프로그램 가능 문자, 프로그램 가능 비디오, 이메일 등 4가지의 소프트웨어 API 그룹으로 나누어진다.

3) 솔루션: 트윌리오의 고객들은 여러 가지 다양한 용도로 슈퍼 네트워크와 채널 API를 사용할 수 있다. 트윌리오는 고객들의 다양한 사용 방법을 관찰하고 고객들을 위해 새로운 솔루션을 설계할 수 있다. 솔루션은 채널 API를 사용하여 만들어지고 주로 특정한 업무를 위해서 생성된다(예: 고객상담센터를 위한 트윌리오 플렉스).

■ **클라우드 SaaS 기업들 간의 전체 매출 대비 영업/마케팅 비용의 비율 비교**

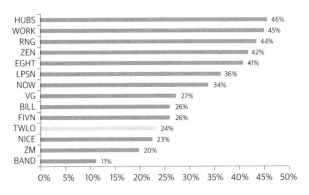

자료: FactSet

클라우드의 미래에 투자하라

트윌리오의 제품들은 대부분 사용량에 비례해서 가격이 책정된다. 예를 들어 음성 서비스의 경우 분당, 데이터 서비스의 경우 메가바이트(MB)당이다. 이러한 과금 방식은 큰 비용 부담 없이 서비스를 시작해볼 수 있는 장점이 있다.

트윌리오가 다른 클라우드 소프트웨어 업체와 차별화되는 점은 아주 효율적인 마케팅 전략 수행을 보여주고 있다는 것이다. 트윌리오의 마케팅은 개발자 그룹에 집중되고 각종 이벤트와 콘퍼런스 등도 개발자 그룹을 위해 이루어진다. 이것을 통해 회사는 개발자들 사이에서 트윌리오 솔루션의 우수성이 자연스럽게 전파되는 것을 추구한다. 덕분에 트윌리오는 다른 클라우드 솔루션 회사와 비교해서 훨씬 낮은 영업·마케팅 비용을 사용한다.

트윌리오도 걱정거리가 있다. 현재 커뮤니케이션 클라우드 분야에서 확고한 선두를 달리고 있지만, 이 분야의 빠른 성장을 감안할 때 다른 업체들의 진입으로 회사의 성장세가 다소 둔화될 수 있다. 트윌리오의 사업 모델은 통신사·네트워크 사업자들의 네트워크를 사용해야 하는데, 버라이즌과 같은 네트워크 사업자들이 네트워크 사용료를 올릴 경우 마진에 부담이 될 수 있다.

트윌리오의 분기별 매출은 2020년 4분기에 5억 달러를 돌파했으며, 당시 전년 동기 대비 65%의 높은 성장률을 보여줬다. 팬데믹으로 분기별 성장률이 40%대까지 잠시 떨어지기도 했으나, 2020년

■ 트윌리오의 분기별 매출 및 성장률 현황

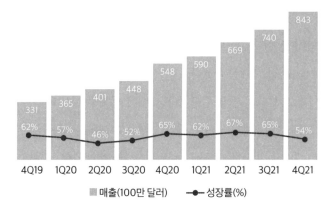

자료: 트윌리오

■ 트윌리오의 연도별 매출 현황

(단위: 100만 달러)

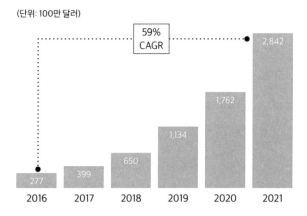

자료: 트윌리오

클라우드의 미래에 투자하라

4분기부터 60%대로 올라가면서 다시 가파른 성장곡선을 보여준다.

연간 매출의 경우 2021년 28억 달러를 돌파했고, 5년 평균 59%의 성장을 보였다. 5년 전과 비교하면 10배가 넘는 폭발적인 성장을 나타낸 것이다.

월가의 뷰

미국 투자은행 JP모간체이스의 마크 머피(Mark Murphy) 애널리스트는 트윌리오가 동종 클라우드 솔루션 중에서 최고 수준의 운영 마진을 보여주는 것을 높이 평가했다. 트윌리오의 비즈니스는 대부분 개발자가 스스로 제품을 구현하는 셀프 서비스 모델이므로, 다른 소프트웨어 회사들에서 필요한 컨설팅 조직이 필요 없다. 덕분에 마진에 긍정적인 영향을 미칠 수 있다. 또한 지속적으로 성장하는 클라우드 기반 소프트웨어 시장에서 거의 독보적인 CPaaS(Communication Platform as a Service) 회사이므로, 앞으로도 꾸준한 성장성을 보여줄 것이라고 머피 애널리스트는 전망했다.

반면, 머피 애널리스트는 왓츠앱과 같은 몇몇 대형 고객이 트윌리오 매출의 대부분을 차지하는 것은 대형 고객들을 잃게 될 경우 매출이 급감할 수 있는 위험 요소라고 지적했다. 또한 머피 애널리스트는 서비스 인프라를 AWS 등의 퍼블릭 클라우드에서 운영하고 있는데, AWS 서비스에 문제가 생길 경우 트윌리오 서비스도 같이 문제가 생기는 리스크를 우려하기도 했다.

화상 미팅 클라우드

코로나19로 가장 큰 혜택을 본 클라우드 분야를 꼽으라면 단연 화상 미팅 클라우드일 것이다. 재택근무가 본격화되면서 사무실에서 일어나던 대면 미팅이 대부분 화상 미팅으로 대체됐고, 학교의 교실 수업도 온라인 수업으로 대체됐기 때문에, 줌(Zoom), 웹엑스(WebEx), 마이크로소프트 팀즈(Microsoft Teams), 구글 밋(Google Meet) 등의 화상 미팅 솔루션들이 엄청난 인기를 누렸다.

화상회의 솔루션의 대명사가 된 '줌 비디오'

팬데믹 최고의 수혜주를 꼽으라면 많은 사람들이 줌을 꼽을 것이다. "줌 미팅 하자"라는 말은 화상 미팅하자는 말처럼 미국의 회사들에서 아주 흔하게 쓰이는 일상 용어가 됐다. 줌은 미국에서뿐만 아니라 전 세계적으로 가장 널리 쓰이는 화상 미팅 솔루션 중의 하나가 됐다.

줌 비디오 커뮤니케이션(이하 '줌')은 2011년 4월에 캘리포니아 새너제이에서 설립됐다.[11] 창업자 에릭 위안(Eric Yuan)은 중국 출신으로, 석사 과정까지 중국 본토에서 마친 이민 1세대이다. 1997년에 미국으로 건너온 그는 웹엑스라는 웹 기반 화상통화 스타트업에 합류했다. 웹엑스는 2007년에 시스코 시스템즈에 인수된다. 2011년 그는 스마트폰 환경 하에서의 비디오 콘퍼런스 시스템 개발을 회사에 제안했으나, 그것이 거절당하자 주저 없이 시스코를 그만두고 자신의 회사 줌 비디오 커뮤니케이션을 창업했다.

회사 초기의 이름은 사스비(SaasBee)였다. 2012년에는 현재의 이름인 줌 비디오 커뮤니케이션으로 사명을 변경했고, 2013년에는 최초의 줌 미팅을 개최한다. 줌의 솔루션은 큰 인기를 끌었고, 2013년 한 해에만 2억 분의 미팅 시간을 기록한다. 2014년에는 비디오 웨비나(Video Webinar), 2015년에는 대화방 나누기(breakout room)와 같은 새로운 기능을 계속 추가했으며, 2016년에는 총 60억 분의 미팅 시간을 기록하며 회사가 급격히 성장했다. 줌은 2019년 나스닥에 상장한 후 거래 첫날 주가가 72%나 상승하는 기록을 세운다. 2020년

■ 2019년 4월 18일 줌의 나스닥 상장을 알리는 대형 광고판

자료: 나스닥

에는 팬데믹으로 인한 재택근무 때문에 줌 솔루션의 수요가 급증하면서 매출이 전년 대비 네 배나 증가하는 폭발적인 성장세를 보여줬다.

줌의 중점 사업은 기업 고객들에게 클라우드 기반의 보다 나은 화상회의 솔루션을 제공하는 것이며, 사용자들이 화상회의 및 웨비나(Webinar)와 같은 서비스를 할 수 있도록 하는 것이다.

줌은 플랫폼 서비스를 무료와 유료 버전 모두 제공하고 있으며

■ **2020년 기준 가트너의 미팅 솔루션 평가 자료**

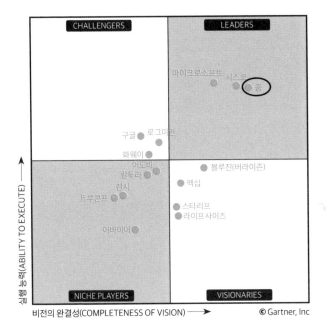

자료: 가트너

웹 또는 모바일 앱 형태로 둘 다 사용이 가능하다. 무료 버전은 최대 100명의 참여자가 40분까지 무료 사용이 가능하다. 유료 버전은 최대 1,000명까지 참여 가능하며 미팅 호스트당 월 15~20달러 정도의 가격으로 제공된다.

줌의 화상회의 솔루션은 IT 솔루션 평가 전문 컨설팅 기업인 가트너의 평가에서도 마이크로소프트, 시스코 웹엑스와 함께 3대 리

■ 줌 폰 화면

자료: 줌 비디오 커뮤니케이션

더 회사 중의 하나로 인정받고 있다.

줌은 미팅 솔루션 외에도 줌 폰(Zoom Phone)이라는 기업용 클라우드 기반 전화 솔루션을 갖고 있다. 이것은 사무실 전화를 대체할 수 있는 전화와 비디오, 미팅과 채팅을 통합한 종합적인 커뮤니케이션 애플리케이션이다. 2019년에 출시된 줌 폰은 2년 만에 100만 개의 계정을 돌파하면서 줌의 차세대 매출 동력으로 예상되고 있다.

줌은 영업마진이 30%에 달하며, 다른 기업용 소프트웨어 업체들과 비교할 때 아주 높은 수준이다. 영업·마케팅 비용이 전체 비용의 18%로, 소프트웨어 업체치고는 아주 낮은 수준이기 때문에 가능한

클라우드의 미래에 투자하라

■ 주요 기업용 소프트웨어 업체들의 영업마진 비교

회사	티커	회계연도 종료 월	CY21E	CY22E
줌인포(ZoomInfo)	ZI	Dec	43%	44%
줌 비디오(Zoom Video)	ZM	Jan	31%	30%
서비스나우(ServiceNow)	NOW	Dec	24%	25%
팔란티어(Palantir)	PLTR	Jul	23%	25%
도큐사인(DocuSign)	DOCU	Jan	14%	16%
지스케일러(Zscaler)	ZS	Jul	9%	11%
크라우드 스트라이크(CrowdStrike)	CRWD	Jan	8%	11%
데이터독(Datadog)	DDOG	Dec	6%	9%
제이프로그(JFrog)	FROG	Jan	3%	5%
트윌리오(Twilio)	TWLO	Dec	-1%	2%
쿠파소프트웨어(Coupa Software)	COUP	Jan	-1%	7%
클라우드플레어(Cloudflare)	NET	Dec	-4%	1%
옥타(Okta)	OKTA	Jan	-5%	0%
몽고DB(MongoDB)	MDB	Jan	-10%	-6%
스노우플레이크(Snowflake)	SNOW	Dec	-19%	-10%

자료: FactSet, UBS

숫자다. 특히 줌은 무료 버전을 통해서 입소문 마케팅을 활용하는
아주 효율적인 마케팅 전략을 구사하고 있다.

하지만 경쟁사들 또한 줌이 홀로 승승장구하도록 가만히 놓아 두

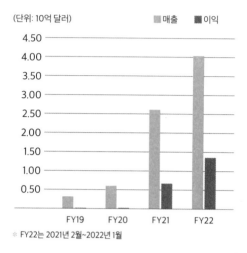

(단위: 10억 달러) ■ 매출 ■ 이익

※ FY22는 2021년 2월~2022년 1월

자료: 야후 파이낸스

고 있지는 않다. 마이크로소프트의 팀즈는 거의 비슷한 기능을 구현하고, 다른 마이크로소프트 제품과 연동도 잘되기 때문에 강력한 위협이 되고 있다. 전통의 커뮤니케이션 소프트웨어 강자 시스코 웹엑스도 엔터프라이즈 마켓에서 상당한 강세를 유지하고 있다.

2022년 2월에 발표된 FY22 4분기(2021년 11월~2022년 1월) 실적에서 분기 매출이 10억 7,000만 달러를 기록하며 전년 대비 21% 상승했다. FY22 전체로는 41억 달러 매출을 기록하며 전년 대비 55% 상승했다. 하지만 백신의 보급으로 팬데믹 상황이 안정화되면서 화상미팅의 수요 증가세는 둔화될 것으로 예상되고, 줌의 매출 성장률 증가 또한 다소 둔화될 것으로 예측된다.

근로자들의 팬데믹 시대 커뮤니케이션 변화로 인한 최대 수혜주 중 하나였던 줌 비디오가 추구하는 프로페셔널 비디오 협업 시장의 크기는 연간 400억 달러에 달한다. 팬데믹으로 인한 엄청난 수요 증가에 효율적으로 대처했다는 평가와 함께 줌 비디오는 여전히 시장에서 선두 주자의 입지를 다지고 있다.

미국 투자은행 JP모간체이스의 스털링 어티(Sterling Auty) 애널리스트는 2020년에 기존 주가 레벨의 5배가 넘는 과도한 주가 폭등 후 2021년의 지속적인 주가 하락으로 줌 비디오는 투자자 입장에서 장기적인 관점으로 투자를 기대해볼만하다고 판단했다. 하지만 어티 애널리스트는 많은 국가에서 팬데믹 상황이 안정적이 되어가면서 대면 미팅이 증가함에 따라 기존 고객의 해지 가능성이 높아지는 것은 위험 요소라고 전망하고 있다.

인적자원 관리 클라우드

인적자원 관리(Human Capital Management)는 어느 회사에나 존재하는 중요 업무이다. 인적자원 관리 업무는 업종에 상관 없이 회사마다 급여, 인력, 조직, 복지 관리 등 업무의 대체적인 흐름이 비슷하기 때문에, 표준화된 상용 소프트웨어를 이용하는 것이 사내에서 직접 개발하는 것보다 훨씬 효율적일 수 있다. 특히 직원 1,000명 이상의 대기업들은 HR업무의 양이 방대하므로, HCM 솔루션을 대부분 구매한다. 요즈음에는 이런 HCM 솔루션들이 클라우드 기반으로 대부분 제공된다. 대표적인 솔루션들은 SAP의 석세스팩터(SuccessFactors), 오라클 HCM, 워크데이 HCM 등이 있다.

인사와 재무 클라우드의 강자 '워크데이'

2005년 ERP 업체 피플소프트의 창업자이자CEO였던 데이브 더필드(Dave Duffield)와 제품 담당 임원이었던 아닐 부스리(Aneel Bhusri)는 회사를 오라클에 매각한 뒤 새로운 클라우드 기반의 소프트웨어를 만들기로 의기투합하고 워크데이(Workday)를 설립했다.[12] 그들의 첫 제품은 2006년 출시한 워크데이 HCM였다. 워크데이는 2007년 두 번째 제품 워크데이 재무 관리(Financial Management)를 내놓았고, 2009년에 100개 이상의 고객사를 확보했다. 2012년에는 WDAY라는 티커로 뉴욕 증시에 상장하고 첫날 가격이 83%나 상승하는 기록을 세우기도 했다. 워크데이는 2014년 워크데이 리크루팅(Recruiting)을 출시하며 미국 회사에서 가장 널리 쓰이는 리크루팅 솔루션 중의 하나로 자리매김했다. 2018년에는 스토리즈(Stories.bi)를 인수하며 데이터 분석 역량을 보강했다.

HCM

HCM은 워크데이의 간판 제품이다. 최대 경쟁사인 SAP과 오라클(Oracle)이 전통적인 ERP 시스템 기반으로 HCM을 발전시켜왔다면, 워크데이는 처음부터 클라우드 기반으로 HCM을 개발해왔다. 클라우드 기반의 시스템이므로 항상 최신 버전으로 자동 업데이트되며, 웹과 모바일 버전을 갖추고 있다. 유연하고 간단하게 사내 조직도와 업무 프로세스를 디자인할 수 있고, 내장된 HR 관련 데이터 분석 및 리포팅 도구를 제공하여 직원 및 임원들이 손쉽게 HR에 대한 인사이트를 얻을 수 있도록 도와준다.

2020년 5월 기준 3,200개 이상의 회사와 조직이 워크데이 HCM을 사용하고 있다. 최근에는 스킬 클라우드(Skills Cloud)를 개발하여

■ **2020년 기준 1,000명 이상의 대기업을 위한 클라우드 HCM 솔루션 평가 자료**

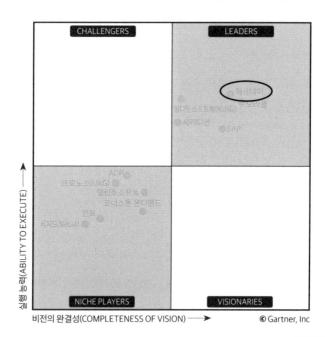

자료: 가트너

클라우드의 미래에 투자하라

직원들이 스킬 관리를 효율적으로 할 수 있도록 도와주고 있다. 워크데이의 강점 중의 하나는 광대한 파트너 네트워크로 1만 1,000명의 공인 컨설턴트와 90개 이상의 소프트웨어 파트너사들과 함께 일하고 있다. 워크데이 HCM은 SAP, 오라클과 함께 HCM시장에서 빅 3의 위치를 차지하고 있으며, 특히 리크루팅 모듈이 시장에서 좋은 평가를 받고 있다.

재무 관리

워크데이 재무 관리는 워크데이가 HCM에 이어 두 번째로 출시한 제품이다. 회사의 핵심 재무 및 회계 업무 지원을 위해 만들

■ 워크데이 재무 관리 화면

자료: 워크데이

어진 제품이다. 외상매입금(Accounts Payable)과 매출 채권(Accounts Receivable) 관리, 자산 관리, 감사, 현금 관리, 재무제표 리포팅과 분석, 매출 관리 등의 주요 재무 분야를 모두 지원한다. GAAP과 IFRS 등의 국제 회계 기준을 맞출 수 있도록 도와주는 시스템 또한 갖추고 있다. 이 제품은 전 세계 120여 개 국가에서 사용되고 있으며, 50여 개 국가에 대한 표준화된 템플릿을 제공한다.

■ **2021년 기준 클라우드 재무 관리 솔루션 평가 자료**

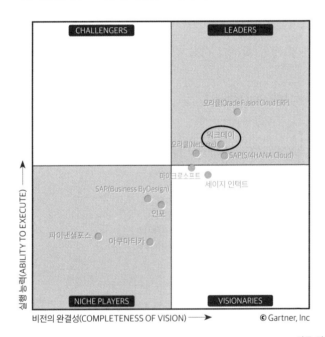

자료: 가트너

클라우드의 미래에 투자하라

워크데이의 강점은 재무 관리 애플리케이션과 분석 애플리케이션을 실시간으로 결합하여 계산할 수 있는 혁신적인 인-메모리(in-memory) 컴퓨팅의 사용이다. 덕분에 필요한 데이터를 백엔드 데이터베이스에 접속할 필요 없이 메모리 내에서 바로바로 처리할 수 있다. 핵심 아키텍처에 머신러닝을 내장하고 있어서 데이터 분석에서 얻은 통찰을 장부에 자동적으로 기록하는 기능도 갖추고 있다.

워크데이의 재무 관리 역시 시장에서 좋은 평가를 받고 있으며, 각종 회계 및 재무 모듈의 성능에 대한 만족도도 매우 높다. 이 분야에서도 전통의 ERP 강자인 오라클, SAP과 함께 3강을 형성한다.

■ **워크데이 연간 매출 및 이익**

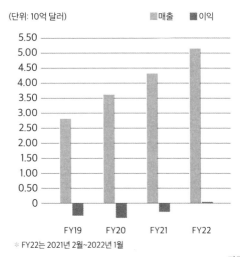

(단위: 10억 달러)　　■매출　■이익

※ FY22는 2021년 2월~2022년 1월

자료: 야후 파이낸스

2022년 2월 발표된 FY22 4분기(2021년 11월~2022년 1월) 실적에 따르면, 4분기 매출은 13억 8,000만 달러로 전년 동기와 비교해서 22% 증가했다. 구독 매출은 12억 3,000만 달러로 전년 동기 대비 22% 증가했다. FY22(2021년 2월~2022년 1월)의 매출은 51억 4,000만 달러로 전년 대비 19% 성장했다. 기업의 핵심 업무인 재무와 인사 분야를 다루는 제품의 특성상 코로나19 상황에서도 매출의 타격을 거의 입지 않았다.

💲 월가의 뷰

미국 투자은행 JP모간체이스의 마크 머피(Mark Murphy) 애널리스트는 워크데이의 장기 성장성에 대해 긍정적으로 평가하는 월가의 애널리스트 중 하나다. 특히 HR 서비스 분야는 대부분의 기업에서 필요한 분야이고, 워크데이의 제품은 높은 고객 만족도를 보여주고 있기 때문이다. 머피 애널리스트는 다수의 기업들이 워크데이 솔루션에 대해 높은 만족도를 나타낸 것도 해당 기업에 대한 좋은 평가를 내리는 데 기여했다고 평가했다.

반면, 머피 애널리스트는 경쟁이 심화되는 점이 우려된다고 전망했다. 워크데이는 클라우드 기반 HR 솔루션 중에서는 선두이지만, 기존의 온프레미스 기반 HR 시스템의 강자인 SAP와 오라클도 클라우드 솔루션을 내놓으면서 추격하고 있기 때문이다. SAP과 오라클은 자금력에서 훨씬 앞서기 때문에 이들의 추격은 워크데이의 향후 전망에 부정적인 요소로 작용할 수 있다는 것이 머피 애널리스트의 분석이다.

협업 및 프로젝트 관리 클라우드

협업 및 프로젝트 관리 분야는 팬데믹 상황에서 중요성이 더욱 높아진 분야 중 하나이다. 대면 팀 프로젝트가 불가능한 상황에서 팀원들 간의 효율적인 작업 내용의 공유는 프로젝트의 성과 및 납기와 직결되기 때문이다. 이 분야를 요즘은 EAP(Enterprise Agile Planning)라고도 부르며, 제품 로드맵 관리, 프로젝트 워크플로우 관리, 팀 간의 의존도 관리, 제품 및 서비스 출시 관리 등을 포함한다. 이 분야의 주요 솔루션 회사로는 아틀라시안, 브로드컴(Broadcom), 기트랩(Gitlab) 등이 있다.

호주 최초의 유니콘,
프로젝트 관리 클라우드의 선두 주자 '아틀라시안'

그리스 신화에 나오는 아틀라스에서 비롯된 이름인 아틀라시안 (Atlassian)은 호주 출신의 마이크 캐논—브룩스(Mike Cannon-Brookes) 와 스캇 파쿠하(Scott Farquhar)에 의해 2002년 호주에서 창립됐다.[13] 이 두 사람은 뉴사우스웨일스대학 시절 친구였다. 당시 호주는 미국 처럼 테크 스타트업이 흔하지 않았고 스타트업에 자금을 대주는 벤처 캐피탈도 거의 존재하지 않았다. 그래서 두 사람은 신용카드 대출 1만 달러를 바탕으로 사업을 시작했다.

사업 초기에는 회사의 모든 업무를 둘이서 처리했고, 영업사원을 고용할 여력이 없어서 인터넷상에서 소프트웨어를 직접 판매할 수밖에 없었다(소프트웨어를 최종 사용자에게 직접 판매하는 사업 방식은 지금 까지도 이어지고 있다). 초기에는 1주일에 800달러짜리 소프트웨어 한 카피도 팔기 어려웠다고 한다. 판매가 부진하여 고전하던 이 두 창 업자는 기발한 마케팅 아이디어를 떠올렸다. 아틀라시안 소프트웨 어의 주요 고객인 개발자들이 주로 참석하는 콘퍼런스에 가서 개발 자들에게 아틀라시안 로고를 스티커로 붙인 맥주잔에 맥주를 나눠 주면서 마케팅을 시작했다. 이렇게 해서 아틀라시안이 개발자들에 게 조금씩 알려지기 시작하고, 개발자들을 통해서 입소문이 나기

■ 지라의 스프린트(작업 사이클) 관리 화면

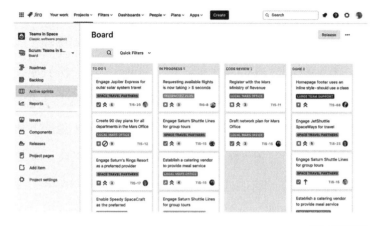

자료: 아틀라시안

시작하면서 본격적인 매출이 발생하기 시작했다.

아틀라시안은 창업한 해인 2002년에 대표 제품인 지라(Jira)를 출시하고, 연달아 다음 해인 2003년 또 다른 대표 제품인 컨플루언스(Confluence)를 출시했다. 2006년에는 주식과 제품, 이익, 직원 시간의 1%를 사회적으로 의미 있는 일에 기부하는 정책을 발표하기도 한 아틀라시안은 2011년에는 본격적으로 클라우드 기반 소프트웨어 시장에 진출했다. 아틀라시안은 2015년 'TEAM'이라는 티커로 나스닥에 상장했고, 두 창업자는 호주 테크 업계 최초의 억만장자가 된다.

아틀라시안의 대표 제품이자 전 세계에 걸쳐 6만 5,000개 이상의 고객을 확보한 지라(Jira)는 미국 IT 업계에서 가장 인기 있는 프로젝트 관리 소프트웨어이다. 주로 소프트웨어 개발팀에서 사용되는 지라는 소프트웨어의 기획, 개발 진도 점검, 릴리즈 관리 등을 위해 활용된다. 지라는 작업 단계별로 각종 프로젝트의 진행 상황을 일목요연한 관리를 지원하는데, 프로젝트 관련 데이터에 대한 깔끔한 시각화를 제공해주는 강력한 리포팅 도구라는 점이 특징이다. 필자도 프로젝트 관리를 위해 지라를 매일 사용하고 있으며, 현재는 소프

■ **팀 내 지식 공유를 위한 협업 소프트웨어 '컨플루언스' 화면**

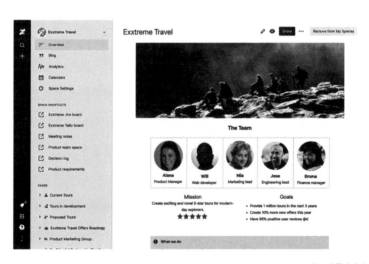

자료: 아틀라시안

트웨어 개발팀뿐만 아니라 다른 분야의 팀에서도 사용이 증가하는 추세이다.

아틀라시안의 또 다른 제품인 컨플루언스(Confluence)는 프로젝트 팀 내의 지식 공유를 위한 협업 소프트웨어이다. 팬데믹 상황에서 팀 내 혹은 팀 간 커뮤니케이션이 더욱 중요해지면서, 컨플루언스와 같은 협업 소프트웨어가 많은 주목을 받고 있다. 컨플루언스를 통해

■ **2021년 기준 기업 애자일 기획 소프트웨어 평가 자료**

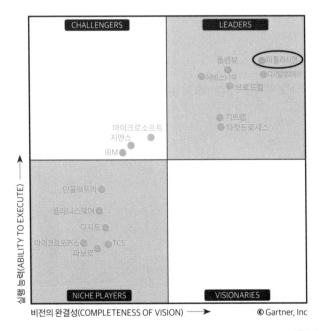

자료: 가트너

사용자들은 프로젝트 관련 정보와 지식을 손쉽게 정리, 업데이트 및 공유할 수 있다. 또한 소셜 기능을 통해서 자유롭게 특정 사항에 대한 의견 개진도 가능하도록 만들었는데, 컨플루언스 클라우드를 통해 다양한 업무별 템플릿을 갖추고 있어서, 다양한 부서의 사용자들이 손쉽게 업무 관련 사항을 정리할 수 있는 점이 특징이다.

아틀라시안은 애자일 기획 소프트웨어 제품의 성능 및 비전의 완성도에서 업계 최고의 평가를 받고 있다. 이것이 아틀라시안의 제품이 대기업에서 중소기업을 아우르는 다양한 사이즈의 IT 부서에서 널리 사용되는 큰 이유이다.

■ **아틀라시안의 최근 6년간 매출과 잉여현금흐름 자료**

(단위: 100만 달러)

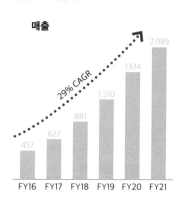

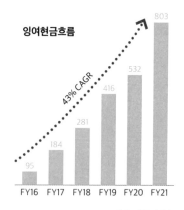

자료: 아틀라시안

클라우드의 미래에 투자하라

아틀라시안은 FY16(2015년 7월~2016년 6월)부터 FY21(2020년 7월~2021년 6월)까지 꾸준한 성장세를 이어왔다. 매출은 연평균 29% 성장했고 잉여 현금 흐름은 연평균 43% 성장했다. 팬데믹 상황에서도 고객 기업들에게 꾸준히 사용되면서 거의 성장률에 영향을 받지 않았다.

아틀라시안의 주요 고객은 전통적으로 연간 구독료 5만 달러 이하의 중소기업이 많았는데, 2019년부터 연간 구독료가 100만 달러 이상의 대형 고객들도 급격히 늘고 있고, 이것은 매출의 안정성 측면에서 상당히 긍정적인 신호로 볼 수 있다.

아틀라시안은 다른 소프트웨어 업체들과 비교해서 상당히 높은 매출의 35% 규모의 R&D 투자를 한다. 영업과 마케팅 비용을 아주 적게 쓰기 때문이다. 아틀라시안은 별도의 영업 조직을 두지 않고, 개발자 커뮤니티와 직접 소통하면서 자연스럽게 구매와 연결되게

■ 업체별 매출 대비 R&D 투자 비율

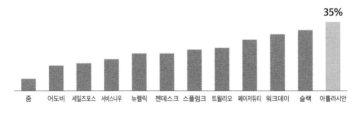

자료: 아틀라시안

하는 전략을 사용하고 있다. 이러한 R&D에 대한 막대한 투자는 제품의 경쟁력으로 자연스럽게 이어지고 있다.

아틀라시안의 매출은 두 개의 간판 제품(지라와 컨플루언스)에 많이 의존해왔다. IPO를 했던 2015년에는 전체 매출에서 두 개 제품의 매출 비율이 75%에 달했다. 하지만 FY20(2019년 7월~2020년 6월)에는 이 비율이 60%로 낮아졌다.

2022년 1월에 발표된 분기 실적에 따르면, FY22 2분기(2021년 10~12월) 매출은 6억 8,900만 달러로 전년 동기 대비 37% 증가했다. 영업 손실은 6,700만 달러로 전년 동기 대비 2.4배 증가했다.

아틀라시안은 온프레미스 버전의 영업과 지원을 중단하고 고객들을 클라우드 혹은 데이터센터 버전으로 옮기도록 하고 있는데, 이것은 많은 경우 비용의 상승을 의미하기 때문에 일부 고객의 반발을 불러 일으키고 있다. 그리고 기존의 지라와 차별화되는 고급 솔루션인 지라 얼라인(Jira Align)을 내놓았는데, 이것은 현대적인 사용자 인터페이스를 가지고 있지만 기존의 지라와 비교할 때 복잡하기 때문에 기존 지라 제품의 단순하고 깔끔한 것에 익숙해진 고객들은 전환을 꺼릴 우려도 있다.

미국 투자은행 모간 스탠리의 키스 와이즈(Keith Weiss) 애널리스트는 아틀라 시안이 애플리케이션 개발 도구 시장에서 늘어나는 수요에 적절하게 대응하 고 있다고 평가했다. 아틀라시안 제품 대부분이 클라우드 기반으로 옮겨가 면서, 수익성도 계속 개선될 것으로 기대되기 때문이다. 2022년 2월에 본사 를 영국에서 미국으로 옮기는 것을 고려 중이라고 발표했는데, 와이즈 애널 리스트는 미국으로 본사 이전이 실현될 경우 법인세와 지적재산권 보호 측 면에서 회사에 긍정적일 것으로 판단했다. 또한, 2016년부터 CTO를 지냈던 스리 비스와나스(Sri Viswanath)가 2022년 하반기에 회사를 떠난다고 발표 했는데, 이것이 앞으로의 기술 투자에 어떤 영향이 있을지 지켜볼 필요가 있 다고 와이즈 애널리스트는 전망했다.

의료 및 생명과학 클라우드

의료 및 생명과학 분야는 다른 산업 분야에 비해 클라우드로의 전환이 다소 느린 편이다. 생명과학 분야는 임상실험 준비, 임상 내 생성되는 방대한 데이터 관리, 규제 기관 승인 프로세스 등 다른 산업에서 찾아보기 힘든 독특한 영역들이 많아서, 생명과학 분야에 특화된 전문적 솔루션이 필요하기 때문이다. 하지만 팬데믹 상황에서 신속한 프로세스의 중요성이 증대되면서 의료 및 생명과학 클라우드의 도입도 활발해지고 있다. 이 분야의 대표 주자로는 비바 시스템즈와 아이큐비아(IQVIA) 등이 있고, AWS와 구글 클라우드 등의 플랫폼 업체들도 생명과학 전용 클라우드 솔루션을 내놓으면서 이 시장에 뛰어들고 있다.

클라우드의 미래에 투자하라

버티컬 클라우드 최고의 성공 사례 '비바 시스템즈'

비바 시스템즈(Veeva Systems)는 2007년 세일즈포스의 임원 출신인 피터 개스너(Peter Gassner)에 의해 설립됐다.[14] 개스너는 버티컬 클라우드(특정 업계를 위한 클라우드)가 클라우드 혁명의 다음 단계가 될 것이라고 믿고 의료 및 생명과학 업계에 중점을 둔 비바 시스템즈를 설립했다. 실제로 비바 시스템즈는 버티컬 클라우드의 대표적인 성공 사례가 되었다. 처음 출시한 제품은 CRM이었고, 다음으로 출시한 제품은 볼트(Vault)라 불리우는 콘텐츠 및 데이터 관리 솔루션이었다.

2013년에 뉴욕 증시에 상장한 비바 시스템즈의 상장 첫날 주가는 85.8%나 올랐다. 2015년에는 콘텐츠 관리 분야의 경쟁사인 징크 어헤드(Zinc Ahead)를 인수했고, 2019년에는 환자 데이터 분석 회사인 크로익스(Crossix)를 인수하기도 했다. 비바 시스템즈는 2021년 미국 상장사 최초로 회사를 공익법인(Public Benefit Corporation) 형태로 전환했다. 공익법인은 회사의 형태를 갖지만 법인의 설립 목적은 공익적인 것을 포함해야 한다. 즉 일반 기업과 비영리법인(Non-profit)의 중간 형태이다.

비바의 커머셜 클라우드(Commercial Cloud)는 생명과학 기업 직원을 대상으로 약품 출시 이후 영업, 판매 및 마케팅 관련 제반 활동

■ 커머셜 클라우드의 주요 솔루션

솔루션	내용
CRM	고객 관계 관리를 위한 통합적 CRM 솔루션. 대면 만남에서 이메일, 비디오에 이르는 다양한 마케팅 및 영업 채널에 걸친 계획과 조정을 지원한다.
오픈 데이터 (OpenData)	파트너사들의 데이터 활용을 통해 전 세계 주요국의 헬스케어 관련 데이터 서비스를 제공한다.
얼라인 (Align)	파트너사들의 데이터 활용을 통해 전 세계 주요국의 헬스케어 관련 데이터 서비스를 제공한다.
이벤트 관리 (Event Management)	각종 마케팅 및 영업 이벤트의 스케줄, 프로세스와 비용을 관리한다.
네트워크 (Network)	각 커머셜 팀들이 사용하는 데이터의 신뢰성을 보증하는 마스터 데이터 관리(MDM) 솔루션이다.
나이트로 (Nitro)	생명과학 분야에 특화된 상용 데이터 웨어하우스이다.

■ 비바 CRM 화면

자료: 비바 시스템즈

클라우드의 미래에 투자하라

을 지원한다. 코어 CRM에 추가적인 솔루션을 활용하는 형태로 전체적인 구조는 일반 기업의 CRM 소프트웨어와 유사하다.

생명과학 기업에서도 원활한 마케팅과 세일즈 활동을 위해서는 데이터가 중요한데, 비바의 커머셜 클라우드는 헬스케어 전문가 및 환자 데이터에 대한 검색 및 분석 기능에 강점을 보유한다.

비바 볼트(Veeva Vault)는 콘텐츠 및 데이터 관리에 초점을 맞춘 헬스케어 업종에 특화된 소프트웨어를 제공한다. 세부적으로 커머셜 클라우드의 판매 및 마케팅 솔루션을 지원하기 위한 커머셜 콘텐트

■ 볼트의 주요 솔루션

솔루션	내용
QMS(Quality Management System)	품질 관리 솔루션. 모범 실무, 내·외부 감사, 랩 조사, 컨트롤 변화와 관련된 예방적 활동 등을 포함한다.
CTMS(Clinical Trials Management System)	임상실험 관리 애플리케이션. 정보 통합 및 문서 단일화 통해 스폰서, CRO, 담당 연구원 간 공유를 지원한다.
서브미션스 (Submissions)	하나의 애플리케이션에서 규제 기관에 등록·제출하는 콘텐츠 생성 계획과 작성을 지원한다.
레지스트레이션 (Registrations)	제출 자료의 등록 상황이나 규제 기관 질의, 요청 등 관련 정보를 관리, 추적, 보고할 수 있는 기능을 제공한다.
세이프티 (Safety)	집중화 시스템 기반 실시간 부정적 이벤트 관리 및 데이터 수집 기능을 통해 안정성 상승 효과를 제공한다.
프로모매츠 (PromoMats)	각종 프로모션 관련 디지털 자산 관리(문서, 이미지, 영상 등)와 콘텐츠 검토 및 배포 기능을 결합해서 프로모션 관리 부담을 줄여준다.

관리(Commercial Content Management)와 임상 준비, 임상 데이터 취합 관리, 인허가 절차 프로세스, 생산 품질 관리 등의 R&D(임상, 규제, 품질, 안전) 프로세스를 지원하는 개발 클라우드(Development Cloud)로 구분된다.

헬스케어 산업은 방대한 데이터를 생성할 수밖에 없다. 임상 결과뿐 아니라 참여자 개인 정보 등 민감한 데이터의 비중이 높아 데이터 보안이 강조되며 규제 기관을 포함해 다양한 참여자 간 원활한 정보 교류의 필요성도 크다. 볼트 플랫폼은 헬스케어 산업 데이터 처리에 있어 업계 표준 지위를 노리고 있다.

비바 시스템즈의 FY21(2020년 2월~2021년 1월) 매출은 14.6억 달러로 전년 대비 33%의 높은 성장을 기록했다. FY20(2019년 2월~2020년 1월)에 28% 성장했던 것과 비교하면 오히려 성장세가 더 높아졌다.

▪ **비바 시스템즈의 연도별 매출 성장 그래프**

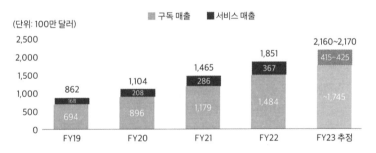

자료: 비바 시스템즈

　　　　　　　　　클라우드의 미래에 투자하라

FY22(2021년 2월~2022년 1월) 매출은 전년 대비 26% 성장한 18.5억 달러를 기록했다.

매출의 80%를 차지하는 구독 서비스 매출을 살펴보면, FY21에는 커머셜 클라우드 매출이 볼트 매출보다 조금 크지만, FY22에는 볼트의 매출이 커머셜 클라우드를 능가할 것으로 비바 시스템즈는 내다보았다.

연간 매출 총 이익률을 살펴보면, 구독 사업은 FY21에 85%라는 상당히 높은 이익률을 보였다. 서비스 분야의 이익률은 31%로 상대적으로 낮지만, 구독 사업의 전체적 비중이 높기 때문에 회사 전체의 매출 총 이익률은 74.7%를 기록했다.

연간 영업이익은 꾸준히 증가해 FY21에 5.8억 달러를 기록했

■ **비바 시스템즈 구독 사업에 대한 연간 매출 성장 그래프**

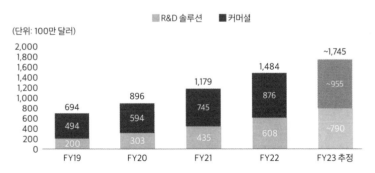

자료: 비바 시스템즈

■ 비바 시스템즈 연도별 매출 총 이익률

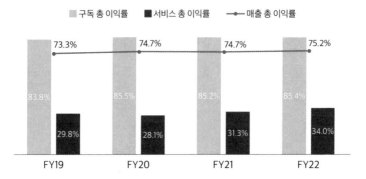

구독 총 이익률　■ 서비스 총 이익률　→ 매출 총 이익률

	FY19	FY20	FY21	FY22
매출 총 이익률	73.3%	74.7%	74.7%	75.2%
구독 총 이익률	83.8%	85.5%	85.2%	85.4%
서비스 총 이익률	29.8%	28.1%	31.3%	34.0%

자료: 비바 시스템즈

■ 비바 시스템즈 연도별 영업 이익과 영업 이익률(미국회계기준, Non-GAAP)

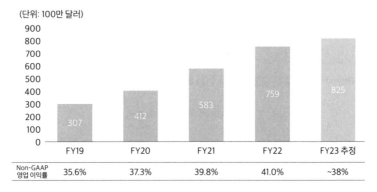

(단위: 100만 달러)

	FY19	FY20	FY21	FY22	FY23 추정
영업 이익	307	412	583	759	825
Non-GAAP 영업 이익률	35.6%	37.3%	39.8%	41.0%	~38%

자료: 비바 시스템즈

고 FY22에는 7.6억 달러를 기록했다. 영업이익률도 꾸준히 증가해
FY22에는 41%를 기록했다.

2022년 3월에 발표한 FY22 4분기(2021년 11월~2022년 1월) 매출은 4억 8,550만 달러로 전년 동기 대비 22% 증가했으며, 순이익은 9,710만 달러로 전년 동기 대비 6% 감소했다. FY22(2021년 2월~2022년 1월) 연간 매출은 18억 5,000만 달러로 전년 대비 26% 증가했다.

비바 시스템즈의 CRM 솔루션은 세일즈포스 기반이다. 현재 세일즈포스와 맺고 있는 파트너십 계약 관계는 2025년까지 유지될 것이다. 계약 유지 지표라고 볼 수 있는 빌링(Billing) 금액이 예상보다 빠르게 성장하고 있다는 점을 고려하면 추가 연장이 유력하다고 판단된다. 하지만 혹시라도 이 파트너십의 구조가 흔들린다면 세일즈포스와 경쟁해야 되는 상황에 이를 수도 있기 때문에 회사의 가장 큰 리스크 요인으로 작용할 수 있다.

비바 시스템즈의 가장 주목해야 할 경쟁 기업은 아이큐비아(IQVIA)다. 아이큐비아는 헬스케어 빅데이터 사업을 기반으로 성장했기 때문에 보유 데이터를 활용한 소프트웨어 제공이 용이하다. 비바 시스템즈는 아이큐비아를 CRM 부문 주요 경쟁자로 판단하고 있지만, 볼트 부문에서 경쟁 가능성도 열려 있다. 현재 양사 간 진행 중인 소송의 경우 최종 판결까지 시일이 소요될 것이지만 관련된 노이즈가 발생할 가능성이 존재한다.

CRM 사업으로 시작한 비바 시스템즈는 임상 관련 소프트웨어인 볼트로의 확장을 통해 제2의 도약을 위한 전기를 마련했다. 이후 비바 시스템즈가 주목하는 것은 규제 산업이라는 유사성에 기반한 비(非)생명과학 부문이다. 새로운 산업에 진출하는 만큼 산업 주요 기업과 이미 관계가 형성된 타 소프트웨어 기업과 경쟁해야 하는 점을 고려해야 한다.

월가의 뷰

비바 시스템즈는 생명과학 업계를 위한 클라우드 기반 소프트웨어의 선두주자이다. 특정 업계를 위한 전용 클라우드 솔루션을 일컫는 '버티컬 클라우드' 분야의 개척자이기도 하다. 초기에는 생명과학 분야에 특화된 CRM 솔루션으로 크게 성공했고, 최근에는 생명과학 비즈니스 프로세스 솔루션인 볼트가 성장을 이끌고 있다.

미국 투자은행 JP모간체이스의 스털링 어티(Sterling Auty) 애널리스트는 생명과학 분야의 IT 투자 규모는 연간 500억 달러 이상이고, 그중의 4분의 1인 120억 달러가 비바 시스템즈가 획득 가능한 시장 규모로 전망했다. 만약 비바 시스템즈가 생명과학 분야 이외의 산업에도 성공적으로 확장할 수 있다면 업사이드는 훨씬 커질 것으로 기대된다.

하지만 어티 애널리스트는 미국의 노동 시장이 팬데믹의 여파로 어려움을 겪으면서 비바 시스템즈의 주요 고객인 제약 및 바이오 회사들의 딜과 프로젝트들이 연기되고, 단기적인 매출에 부정적으로 작용하는 요소라고 판단했다.

프로세스 자동화 클라우드

최근에 급격히 인기를 얻는 클라우드 솔루션 중의 하나는 RPA(Robotic Process Automation)라 불리는 사무 프로세스 자동화 솔루션이다. RPA는 사람의 사무적인 행동을 대신하는 소프트웨어를 사용한 자동화를 뜻한다. 주로 사람이 컴퓨터를 사용하여 행하는 단순한 작업을 대신하는데, 소프트웨어는 사람처럼 시간이 지나면 피곤해지는 것이 아니기 때문에 휴식시간이 필요 없고, 사람보다 훨씬 빠른 속도로, 실수 없이 작업을 수행하는 장점이 있다.

RPA를 사용하면 비즈니스에는 많은 장점들이 있다. RPA를 통해 회사와 조직들은 워크플로우를 단순화시킬 수 있고 보다 많은 이익으로 연결이 가능하다. 직원들을 단순 반복적인 업무에서 해방시

킴으로써 만족도를 높일 수도 있다.

RPA는 업무가 행해지는 방법을 근본적으로 바꿀 수 있다. 특히 시스템 로그인, 파일과 폴더 이동, 데이터 복사의 삽입, 폼 작성, 단순 분석과 리포팅 등의 단순 반복적 업무는 RPA에 의해 거의 완벽하게 자동화될 수 있다. 고급 소프트웨어 로봇들은 문장 해석, 고객과의 대화, 구조화되지 않은 데이터의 분석 등을 해낼 수도 있다. 대신 인간은 창조적이고 혁신적인 업무에 집중함으로써 성취감과 생산성을 더 높이는 것 또한 가능하다.

소프트웨어 로봇으로
사무 자동화를 이끄는 '유아이패스'

유아이패스(UiPath)는 2005년에 대니얼 다인즈(Daniel Dines)와 마리우스 터카(Marius Tirca)에 의해 루마니아 부다페스트에서 데스크오버(DeskOver)라는 이름으로 시작했다.[15] CEO 대니얼 다인즈는 루마니아에서 독학으로 프로그래밍을 공부해서 꽤 짭짤한 수입을 올리던 중 마이크로소프트에서 오퍼를 받아서 미국으로 건너왔다. 그가 미국에서 경험을 쌓은 뒤 루마니아로 돌아와서 창업한 회사가 데스크오버이다. 처음에는 IT 아웃소싱 작업을 주로 했으나, 인도에 있는 고객사 중의 하나가 단순 작업을 자동화해주는 사업을 하고 있

■ 유아이패스 제품 플랫폼 안내

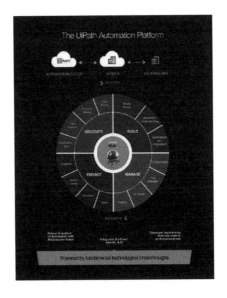

다는 사실을 알게 된 뒤 거기서 영감을 얻어 2012년 회사의 사업 분야를 아예 RPA로 전환했다. 2013년 처음으로 데스크탑 사무 자동화 제품을 출시한 후 2015년에는 사명을 유아이패스로 바꾸고 미국에 진출했으며, 본사도 뉴욕으로 이전했다.

유아이패스는 RPA를 창시하지는 않았지만, 빠른 속도로 RPA 분야의 선두 주자로 성장했다. 유아이패스는 성장을 위해 컨설팅 회사와의 파트너십을 적극적으로 활용했다. EY와 같은 컨설팅 회사들은 이미 고객들의 사무 자동화를 위한 컨설팅 서비스를 제공하고 있었고, 그들은 유아이패스의 소프트웨어를 그들의 컨설팅 프로젝트에 적극적으로 활용했다. 유아이패스는 파트너 컨설팅 회사들에게 그들의 고객사에 유아이패스를 소개하도록 권유했고, 새로운 고객이 계약할 때마다 계약 금액의 80%를 컨설팅회사가 갖도록 했다. 이로써 컨설턴트들은 자연스럽게 유아이패스의 영업사원 역할을 하게 되고, 유아이패스의 매출은 본격적인 상승 곡선을 그리게 된다.

유아이패스는 2017년 유럽과 아시아 등 여러 나라에 진출하며 세계적으로 비즈니스를 확장했으며, 2018년 10억 달러 이상의 밸류에이션으로 루마니아 기업으로서 최초로 유니콘 대열에 합류했다. 2021년 뉴욕 증시에 상장한 유아이패스는 13.4억 달러를 IPO를 통해 조달하면서 상장 당시 기준 역대 세 번째로 큰 소프트웨어 IPO를 기록했다.

유아이패스의 주요 제품은 크게 5가지로 나뉜다. 플랫폼 개발 단계별로 발굴(Discovery), 개발(Build), 관리(Manage), 실행(Run), 참여(Engage)로 나눠지며 각 단계마다 세부 애플리케이션이 존재한다.

발굴은 자동화 허브(Automation Hub)를 통해 자동화가 필요한 영역을 발굴하거나 직원들의 의견을 취합해 RPA로 자동화시킬 업무 프로세스를 결정하고 자동화 라이프사이클을 통합적으로 관리하는 것이다. 프로세스 마이닝을 통해 시스템 로그를 분석해서 자동화

클라우드의 미래에 투자하라

■ 프로그래밍 지식 없이도 간단하게 자동화 프로그램을 만들 수 있는 스튜디오 X

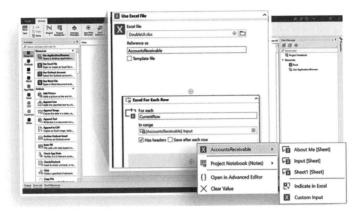

자료: 유아이패스

가 가능한 영역을 찾아낼 수도 있다.

개발은 소프트웨어 봇을 통해 자동화 프로그램을 설계하는 단계로, 사용자에 따라 일반 사용자는 '스튜디오 X(Studio X)'로 간단한 오피스 작업을 자동화하며, 전문 개발자는 스튜디오와 더 정교한 프로그램인 '스튜디오 프로(Studio Pro)'를 사용한다. 또한 마켓플레이스(Marketplace)를 통해 사전에 제작된 컴포넌트와 템플릿을 사용하여 자동화 프로그램을 만들 수도 있다.

관리는 개발한 로봇을 관리하는 단계로, 오케스트레이터(Orchestrator)를 통해 전사적으로 모든 로봇을 모니터링하고 보안을 유지한다. 데이터 서비스(Data Service)를 통해 복잡한 코드를 사용하

■ 2021년 RPA 업체 평가 자료

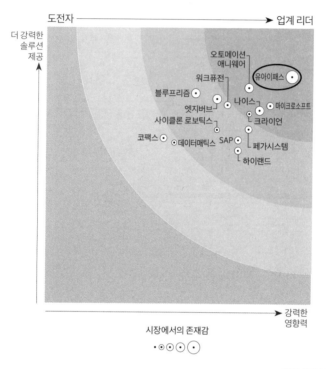

자료: 포레스터

지 않고도 데이터 모델링을 할 수 있고, 인사이트(Insights)를 통해 자동화 서비스에 대한 분석 자료를 얻을 수 있다.

　실행은 업무에 따라 적절하게 소프트웨어 로봇을 활용하는 단계로, 직원의 지시에 따르는 어텐디드 로봇, 백그라운드에서 실행돼 필요할 때만 직원이 관여하는 언어텐디드 로봇 등으로 나뉜다.

참여는 직원이 로봇의 업무 수행에 함께 참여하는 단계로 챗봇을 통해 고객의 요청에 대응하는 어시스턴트와 로봇에게 지시를 할 수 있는 액션 센터(Action Center) 등이 있다.

5가지 제품 외에 유아이패스는 자동화 클라우드(Automation Cloud) 플랫폼을 통해 고객들이 자체 시스템을 구축할 필요 없이 클라우드 시스템을 통해서 손쉽게 자동화 프로젝트를 시작하도록 지원한다.

소프트웨어 전문 평가 컨설팅 업체 포레스터는 2021년 RPA 업체 평가 자료를 통해 유아이패스가 제품의 성능과 전략 모두 업계 최상

■ **최근 2년간 분기별 ARR 자료**

(단위: 100만 달러)

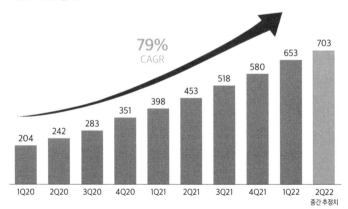

자료: 유아이패스

의 리더로 평가했다.

유아이패스는 FY20(2019년 2월~2020년 1월)과 F21(2020년 2월
~2021년 1월)에 괄목할 만한 성장세를 보였다. 유아이패스는 매출 대
신 향후 매출을 예측하는 지표로 사용하는 연간 총 구독 계약금액
을 의미하는 ARR(Annual Recurring Run Rate)을 주요 경영지표로 사용
한다. FY20~FY21 유아이패스의 연평균 ARR 성장률은 79%를 나
타냈다.

2022년 3월에 발표된 FY22 4분기 실적 발표에서 유아이패스
의 매출은 2억 9,000만 달러로 전년 동기 대비 39% 증가했고 ARR
은 9억 2,500만 달러로 전년 동기 대비 59% 증가했다. NRR(Net
Retention Rate)는 145%로, SaaS 업계에서 우수한 NRR 비율의 기준
인 120%보다 훨씬 높다.

RPA 시장이 점점 확대되어감에 따라, 대형 IT 회사들이 이 시
장에 진입할 것을 충분히 예상할 수 있다. 예를 들어, 마이크로소
프트는 2020년 3월에 소프트모티브(Softmotive)를 인수하면서 RPA
시장에 진입했다. 2021년 3월에는 윈도우즈 10 사용자에게 마이
크로소프트의 자동화 솔루션인 마이크로소프트 파워 오토메이트
(Microsoft Power Automate)를 무료로 제공하기 시작했다. 오토메이션
애니웨어(Automation Anywhere)와 같은 기존의 경쟁자들의 존재도 가
격 경쟁을 유발할 가능성이 있다. 또한, 워크데이, 세일즈포스와 같

은 SaaS 애플리케이션 회사들이 자사의 HR 및 CRM 솔루션에 RPA 기능을 추가하면서 RPA 시장을 잠식해나갈 가능성도 존재한다.

월가의 뷰

미국 투자은행 JP모간체이스의 마크 머피(Mark Murphy) 애널리스트는 유아이패스의 시장 기회가 아주 크고 향후 수년간 계속 확대될 것이라고 전망한다. 유아이패스의 고객사들이 유아이패스가 제공하는 소프트웨어들의 능력을 모두 활용하고 있지 못하기 때문에 기존 고객으로의 추가적 매출 기회도 상당하다고 머피 애널리스트는 예상했다.

하지만 머피 애널리스트는 RPA 마켓의 크기와 중요성이 확대됨에 따라 테크 업계의 거인들이 이 시장에 진출할 것이 충분히 예상되는 점은 우려가 될 수 있다고 전했다. 마이크로소프트는 2020년에 소프트모티브를 인수하면서 이 시장에 진출했고, 2021년에는 파워 오토메이트(Power Automate) 플랫폼에 소프트모티브를 추가한 것이 그 예라고 머피 애널리스트는 분석했다.

핀테크와 클라우드

클라우드 서비스는 금융 산업에서도 매우 중요한 요소이다. 왜일까? 핀테크 스타트업들과 기존의 금융 서비스 회사들은 그들의 디지털 제품과 서비스에서 고객에게 보다 나은 속도와 안정성을 제공하기 위해 경쟁하고 있는데, 클라우드 컴퓨팅은 이 모든 것을 상대적으로 저렴한 비용으로 가능하게 해주고 당국의 규제를 만족시킬 수 있는 높은 수준의 보안을 제공하기 때문이다. 클라우드는 다음과 같은 4가지 측면에서 핀테크 기업들에게 유용하다.

1) 고급 데이터 관리: 데이터는 금융 서비스 산업의 핏줄이다. 데이터는 매일매일의 계좌 관리에서 사용자 인증, 잔액 표시에서 소비

습관 분석에 이르는 다양한 서비스에서 핵심적인 위치를 차지한다. 클라우드 기술은 핀테크 회사들이 언제 어디서나 데이터를 효율적이고 안전하게 저장하고 관리할 수 있도록 해준다.

2) 혁신의 가속화: 클라우드 컴퓨팅이 핀테크 산업에 가져다주는 민첩성은 핀테크의 혁신을 가속화했다. 클라우드는 금융회사가 더 빠른 제품 개발 및 출시 속도를 낼 수 있게 해주는 동시에 변화하는 고객의 요구와 떠오르는 트렌드에 발맞출 수 있도록 도와준다. 팬데믹은 핀테크 산업에도 많은 도전을 가져다주었지만, 클라우드 컴퓨팅은 그것을 속도와 편의성으로 극복할 수 있게 했다.

3) 향상된 보안: 대형 데이터 유출 사고와 사이버 공격이 흔하게 일어나는 시대에 고객들은 그들의 개인 정보가 어떻게 보호되는가에 점점 관심이 많아진다. 금융서비스 산업은 고객의 데이터를 안전하게 보호해야 할 의무가 있고 클라우드는 금융회사들이 데이터를 안전하게 관리할 수 있는 고급 보안 기술을 제공한다. 데이터 암호화에서 다중 사용자 신원 확인에 이르기까지, 클라우드 시스템은 기존의 온프레미스 시스템에서 발생했던 보안 문제들을 더욱 확실하게 해결해주는 방법들을 제시한다.

4) 훌륭한 확장성: 고속 성장은 핀테크 업계에서는 꽤 흔한 일이다. 이러한 고성장 기업들은 그들의 빠른 성장을 뒷받침할 기술 인프라가 필요하다. 유연한 클라우드 인프라는 핀테크 기업들로 하여

금 빠른 속도로 사업을 확장할 수 있도록 도와준다. 빠른 속도로 증가하는 고객 데이터의 저장에서 기존 시스템의 디지털화에 이르기까지 클라우드는 기존의 온프레미스 시스템에서 제공하지 못했던 저비용 고효율 확장성을 제공한다.

보험업계의 혁신을 이끄는 인슈어테크의 선두 주자 '레모네이드'

보험회사답지 않은 상큼한 이름을 가진 레모네이드(Lemonade)는 보험업계 경험이 거의 없는 두 아웃사이더 대니얼 슈라이버(Daniel Schreiber)와 샤이 위니거(Shai Wininger)에 의해 2015년에 창립되었다. 슈라이버는 이스라엘의 무선 충전회사 파워맷(Powermat)에서 경력을 쌓았고 위니거는 이스라엘의 대표적인 프리랜서 마켓플레이스 피버(Fiverr)의 창업자였다. 두 사람은 대표적인 전통 금융 산업인 보험 업계에서 혁신이 필요한 시기가 왔다는 점에 동의하며 완전히 새로운 보험회사를 만들기로 의기투합했다. 하지만 두 사람은 보험 전문가의 필요성을 공감하며 업계 베테랑 타이 사갈로우(Ty Sagalow)를 최고 보험 책임자로 영입했다.

세 사람은 작은 보험 스타트업으로는 아주 대담한 결정을 내렸는데, 그것은 기존 보험사들에 의해 담보화된 보험 상품을 파는 것이 아니라 자체적으로 보험 상품을 운영하며 대차대조표에 클레임에 대한 책임을 반영하는 것이었다. 이 방식을 통해 레모네이드는 고객의 클레임에 대한 비용을 아주 신속하게 지불할 수 있었다. 2017년 레모네이드는 캐나다 구즈 파카를 도난 당한 고객의 클레임을 3초 만에 처리해주었다면서 아마 세계 최단 클레임 처리 기록일 것이라고 보도자료를 통해 발표했다.

레모네이드의 장점은 레모네이드의 주요 타깃 고객인 밀레니얼 세대의 취향에 걸맞는 깔끔한 디자인과 손쉬운 사용자 경험이다. 레

■ 깔끔한 디자인이 돋보이는 레모네이드 모바일 앱

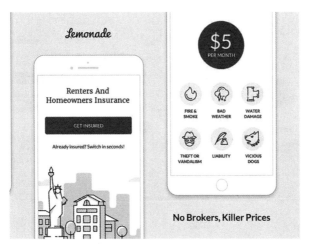

자료: 레모네이드

모네이드 모바일 앱은 복잡한 다른 보험회사의 앱과 달리 아주 직관적이고 사용이 용이하며, 강렬한 자주색을 메인 컬러로 사용하여 신선하게 느껴진다. 또한 다양한 그림을 적절하게 사용하여 딱딱한 보험회사의 이미지를 탈피하고자 노력하고 있다.

레모네이드 앱의 또 다른 차별화 포인트는 인공지능을 적극적으로 활용한 챗봇 기능이다. '마야'라고 불리는 챗봇은 채팅의 형태로 13가지 질문을 통해 단 90초 만에 보험 가입을 완료할 수 있도록 돕는다. 또 다른 챗봇인 '짐'은 채팅을 통해 3분 만에 보험금 지급을 처리한다. 이러한 기능은 채팅을 매우 편하게 느끼는 밀레니얼 세대들

■ **레모네이드의 인공지능 챗봇 '마야'**

자료: 레모네이드

에게 어필할 수 있는 레모네이드의 강점이다. 보험금 청구의 96%는 챗봇을 통해 초기 접수가 이루어지며, 청구 결정의 30%는 사람의 개입 없이 완전히 인공지능만으로 이루어진다고 한다.

레모네이드의 주력 상품은 세입자 보험(Renter's Insurance)이다. 미국 대부분의 밀레니얼들은 주택을 구매하기 전에 세입자로 거주하기 때문에, 세입자 보험이 필요한 경우가 많다. 레모네이드의 전략은 일단 세입자 보험을 통해서 밀레니얼 고객들을 유치한 뒤, 시간이 지나 이들의 구매력이 증가하여 주택을 구매하면 그때 훨씬 보험 금액이 크고 이익률도 좋은 주택 보험으로 업그레이드하도록 유도하는 것이다. 레모네이드는 인공지능을 적극 활용한 온라인 전용 채널

■ **레모네이드와 경쟁 보험사의 세입자 보험 가격 비교**

■ 레모네이드 보험 가격

올스테이트 $21.42 70% $6.50
스테이트팜 $11.42 51% $5.58
리버티뮤추얼 $22.17 77% $5
파머스 $16.25 66% $5.58
$17.8 $5.7

* 경쟁 보험사보다 레모네이드가 평균적으로 68% 더 저렴하다.

자료: 레모네이드

의 저렴한 비용 구조를 통해 경쟁 보험사보다 평균 68%나 적은 훨씬 저렴한 가격으로 세입자 보험을 제공하고 있다.

레모네이드 보험상품의 또 다른 특징은 기부 프로그램(Giveback) 이다. 가입자들은 재보험, 보험금 시급, 사업비 등 필수적인 비용을 제외하고 남는 보험료를 고객의 이름으로 원하는 단체에 기부하게 된다. 이것은 사회적인 가치에 민감한 밀레니얼 세대에 어필할 수 있는 좋은 마케팅 포인트인 동시에, 잉여 이익을 사회에 환원한다는 점에서 모범적인 기업 경영의 모델이 될 수 있다. 이 기부 프로그램을 통해 2021년에 레모네이드는 65개 자선단체에 230만 달러를 기

■ **2019~2021년 4분기 실적 비교 자료**

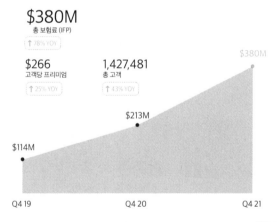

자료: 레모네이드

클라우드의 미래에 투자하라

부하였다.

레모네이드는 2021년 4분기 기준으로 가입자 수가 전년 동기 대비 43%, 고객 평균 프리미엄(보험금 납부액)이 전년 동기 대비 25%가 증가했다. 가입자 수와 고객당 평균 보험 납부액을 곱한 전체 보험금 납부액은 전년 동기 대비 79%라는 높은 성장을 보여주었다.

또한 2021년 11월에는 운전자의 행동 기반으로 보험료를 책정하는 자동차보험회사 메트로마일(Metromile)을 인수하면서 자동차보험으로의 사업 확장을 공식화했다. 텔레매틱스(Telematics, 자동차 운전 데이터) 기반으로 인공지능을 활용하는 메트로마일은 역시 인공지능을 많이 활용하는 레모네이드와 장기적인 시너지 효과를 낼 것으로 기대된다.

레모네이드는 세입자 보험 및 주택 보험 분야에서 인공지능의 활용과 깔끔한 사용자 인터페이스를 바탕으로 많은 인기를 얻었다. 최근에는 메트로마일이라는 자동차 보험 회사를 인수하면서 자동차 보험 시장에도 뛰어들었다.

미국 투자은행 모간스탠리의 마이클 필립스(Michael Phillps) 애널리스트는 레모네이드가 지금까지 테크 인프라에 투자한 것이 2022년부터 본격적인 결실을 맺을 것으로 예상했다. 투자 금액이 워낙 커서 계속 적자를 내고 있지만, 2022년에 적자 규모가 피크에 도달한 후에는 적자 규모가 계속 감소할 것으로 예상하기 때문이다.

반면, 필립스 애널리스트에 따르면 자동차 보험회사 메트로마일을 인수한 것은 주택 보험 시장보다 두 배 이상 더 큰 자동차 보험 시장에 본격적으로 뛰어든다는 큰 의미가 있지만, 단기적으로 보면 마진에 부정적인 영향을 미칠 전망이다.

클라우드와 데이터센터

AWS, 애저, 구글 클라우드 등의 클라우드 서비스 사업자는 많은 경우 자사의 클라우드 서버를 외부 데이터센터로 임대하여 운영한다. 전문적으로 데이터센터를 운영하는 많은 업체들이 존재하며, 리츠(REIT, 부동산 투자 뮤추얼펀드) 형태로 상장된 업체들도 많다. 클라우드 산업의 폭발적인 성장으로 데이터센터의 수요도 꾸준히 증가하고 있으므로, 데이터센터 비즈니스도 장기적으로 안정적인 성장이 예측된다. 시장조사업체 리서치앤마켓의 분석에 따르면 전 세계 데이터센터 산업의 규모는 2020년 160억 달러에서 2027년 320억 달러로 연평균 17.5% 성장이 기대된다.

클라우드 시대의 또 다른 수혜자 '디지털 리얼티'

2004년에 설립된 디지털 리얼티(Digital Realty)는 금융, IT, 제조업 등 다양한 산업 분야의 고객들에게 데이터센터를 임대해주는 기업이며, 리츠로 상장되어 있다. 사업 초기에는 데이터센터를 통째로 임대해주는 단순한 비즈니스 모델에 의존했으나, 최근에는 데이터센터 시설에서 고객 기업 자체 컴퓨팅 하드웨어 공간을 임대해주고 고객이 하드웨어를 직접 관리하는 코로케이션(Colocation)이나 안정

■ 디지털 리얼티 서울 데이터센터 조감도

자료: 디지털 리얼티

적 서비스 제공을 위해 복수의 인터넷 사업자들과의 연결을 제공하는 인터커넥션(Interconnection) 서비스로 매출 다각화를 꾀하고 있다.

디지털 리얼티는 전 세계 6개 대륙에 걸쳐 26개국 50여 개 도시에서 280개 이상의 데이터센터를 운영하고 있다. 대부분은 북미와 유럽에 있지만 아시아 태평양 지역에도 진출이 늘어나고 있다. 2022년에는 한국에도 진출해 상암 디지털 미디어 단지 내에서 데이터센터를 운영하고 있다.

디지털 리얼티는 주요 클라우드 사업자들과 모두 비즈니스를 하고 있어서, 클라우드 업체별 시장점유율 변화에 상관 없이 전체 시장이 커지면 저절로 실적이 좋아지는 구조이다. 멀티 클라우드를 사용하는 고객들도 디지털 리얼티 데이터센터에 입주되어 있는 다양

■ **디지털 리얼티의 분기별 임대료 수입 자료**

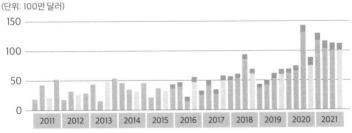

자료: 디지털 리얼티

한 퍼블릭 클라우드 서비스를 자유롭게 사용할 수 있다.

　디지털 리얼티는 창립 이후 꾸준한 성장을 이어왔고 클라우드 시장이 급속하게 커져감에 따라 매출 규모도 2019년 이후 급속도로 확대되었다.

　디지털 리얼티 투자의 장점은 꾸준한 배당이다. 2004년 창립 이후로 실적이 안정적으로 성장하면서 꾸준히 주당 배당액이 증가해 왔다. 2022년 1월 기준 연간 배당은 주당 4.64달러이고 배당 수익률

▪ 꾸준한 디지털 리얼티의 분기 배당 실적(2021년 기준)

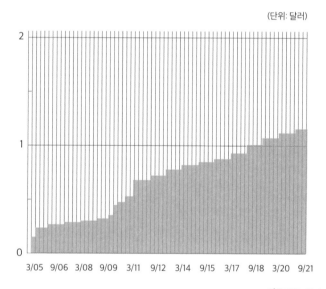

(단위: 달러)

자료: TickerTech.com

은 2.85%이다.

기존의 단순 임대와 비교해서 수익성이 좋은 코로케이션과 인터커넥션과 같은 새로운 부가 서비스의 비중이 늘어나고 있는 것도 장기적으로는 호재이다.

위험 요인으로는 높은 해외 사업 비중으로 인해 환율 변동에 대한 상대적으로 높은 노출이 있다. 가장 최근 분기의 경우 불리한 환율 변동으로 인해 이익의 2% 정도 손해를 보았다. 그리고 상위 5개 고객에 전체 비즈니스의 25% 이상이 집중되어 있는데, 가능성은 낮지만 만약 이 상위 5개 고객들 중 하나라도 빠져나가면 매출에 큰 부정적인 영향이 있을 것으로 예상된다.

2022년 2월에 발표된 2021년 4분기 실적에 따르면 분기 매출은 11억 달러로 전년 동기 대비 5% 증가했다. 부동산 리츠에서 중요한 지표인 주당 FFO(Fund From Operations)는 1.54달러로 전년 동기 대비 6% 상승했다.

디지털 리얼티는 리츠 분야에서 안정적이고 탄탄한 배당금 수익을 제공한다. 디지털 리얼티는 지금까지 꾸준히 배당금을 늘려왔고, 클라우드로 대표되는 데이터센터 투자의 흐름에 맞춰 지속적인 성장을 보여주고 있다.

미국 투자은행 JP모간체이스의 리차드 최(Richard Choe) 애널리스트는 디지털 리얼티가 2022년부터 매년 약 4~6%의 유기적인 성장을 보일 것으로 전망했다. 디지털 리얼티의 계약은 대부분 임대료가 2~3%씩 상승하는 장기 계약이고 추가적인 고객 모집도 가능하기 때문이다.

반면 디지털 리얼티는 해외 사업의 비중이 높고, 이에 따라 환율 변동의 위험에 상당히 높은 수준으로 노출되어 있다는 점이 우려라고 최 애널리스트는 분석했다. 부채의 많은 부분이 달러가 아닌 다른 외화로 이루어져 있기 때문이다. 특히 유럽과 아시아의 매출 비중이 25%에 달하는데, 회계연도 기준 2021년 4분기에는 환율 변동의 영향으로 전체 이익이 약 2% 감소되는 효과가 있었다.

"팬데믹 이후에도 더욱 혁신적인 클라우드 솔루션 쏟아질 것"

칼 최(Carl Choi), SaaS 기업 투자 벤처 캐피탈리스트

Q. 지금까지의 경력과 현재 하시는 일을 간단히 소개해주세요.

워털루 대학(University of Waterloo) 학부 졸업 후 첫 직장은 캐나다 Pw 에서 시작했습니다. 자산운용사에서 일하다가 UC 버클리 MBA 졸업 후에는 투자 금융과 IT 기업 전략, 인수 합병 업무 및 스타트업 경험을 했습니다. 현재는 벤처캐피탈 투자 업무를 하고 있습니다.

Q. 팬데믹이 SaaS 업계에 미친 영향은 어떤 것들이 있을까요?

무엇보다 이번 팬데믹이 SaaS 업계가 얼마나 탄탄한 비지니스 모델

인지를 다시 한번 깨닫게 했다고 생각합니다. 물론 힘들었던 SaaS 업체들도 있었지만, 재택 근무가 증가하면서 줌 비디오나 쇼피파이(Shopify), 세일즈포스 같은 기업들은 오히려 많은 수혜를 입었고요. 대량의 자본이 소프트웨어 시장에 쏟아지면서 업계 전반적인 밸류에이션도 올라가고 다수의 유니콘도 탄생시킨 배경이 됐다고 생각합니다.

Q. SaaS 회사의 성공에 있어서 가장 중요하다고 생각되는 요인들은 어떤 것일까요?

무엇보다 회사의 제품이 고객들에게 꼭 필요로 하는 서비스를 제공함으로써 과도한 영업비용 없이도 회사가 성장(product-led growth)할 수 있어야 하겠고요. 제품이 탄탄하면 자연스럽게 기존 고객 이탈률(churn rate)이 낮고 기존 고객 매출 증가율(Net Dollar Retention)이 높아지기 때문에 회사의 성공 가능성 또한 높아집니다. 그 이외에도 똑똑한 경영진과 비즈니스 모델, 고투마켓(Go-to-market), 프라이싱 전략 등도 회사 성공 여부에 큰 영향을 미친다고 할 수 있겠습니다.

Q. 지켜보고 있는 비상장 SaaS 스타트업들 가운데 유망하다고 생각되는 곳들을 소개해주세요.

클라우드의 미래에 투자하라

스트라이프(Stripe): 현재 가장 핫한 비상장 회사 중 한 곳이구요, 크고 작은 회사들의 온라인, 모바일 페이먼트를 책임지고 있는 회사입니다. 2021년 초 6억 달러 규모의 시리즈 H 투자를 진행한 바가 있고, 수년 내로 가장 큰 IPO를 하는 회사 중에 하나가 될 것으로 전망됩니다.

오픈씨(OpenSea): 크립토 자산, 디지털 컬렉터블, NFT 거래 마켓 플레이스를 운영 중인 회사로 2021년 초 1억 달러 규모의 시리즈 B 투자를 받았습니다.

에어테이블(Airtable): 올인원 온라인 콜라보레이션 플랫폼을 만드는 샌프란시스코 소재의 회사입니다. 마찬가지로 2021년 초 2억 7,000만 달러 규모의 시리즈 E 투자를 받은 바가 있습니다.

호핀(Hopin): 팬데믹 시대에 발맞춰 수많은 온라인 이벤트 플랫폼을 만드는 영국회사이며 2021년 시리즈 D를 통해 4억 5,000만 달러를 투자받았습니다.

Q. 앞으로 SaaS 솔루션은 어떻게 진화해나갈까요? 미래의 전망을 들려주세요.

SaaS 업계 전반적으로는 앞으로도 계속 탄탄한 행보가 이어질 것으로 봅니다. 1,000명 이상의 직원을 둔 회사들의 경우 평균적으로 288가지의 SaaS 애플리케이션을 사용하는 것처럼 수직계열화 (verticalized)된 SaaS 솔루션들이 상당히 많은데, 앞으로는 어느 정도 통합이 이뤄지거나 여러 가지 툴을 한꺼번에 쉽게 관리해줄 수 있는 플랫폼이 등장할 것으로 생각합니다. 데이터 홍수의 시대에 인공지능을 통한 BI(비즈니스 인텔리전스) 쪽도 더욱 발전하리라 봅니다. 이번 팬데믹으로 온라인 비즈니스, 재택근무가 더욱 탄력을 받았고 소프트웨어 회사를 차리는 것이 점점 더 쉬워진 세상이 됐습니다. 지금도 1만 개 이상의 많은 SaaS 회사들이 있지만, 투자자의 입장에서 앞으로 더욱더 재밌고 혁신적인 회사들이 세계적으로 쏟아져 나오리라고 기대하고 있습니다.

클 라 우 드 의
미 래 에 투 자 하 라

5장

클라우드 혁신으로
보는 **산업의 미래**

앞으로의 클라우드 시장을 전망하려면 마켓에 이제 막 상장했거나 아직 상장되지 않은 클라우드 기업 중에서 유망한 기업들을 살펴볼 필요가 있다. 앞서 소개한 중견 클라우드 기업들과 비교해 규모는 작고 상대적으로 덜 알려졌지만, 향후 성장성과 가능성은 더욱 기대되기 때문이다.

농업: 클라우드로
스마트팜을 구축하다

요즘 농업에서 가장 핫한 키워드 중의 하나는 '스마트 농업'이다. 스마트 농업은 각종 IT 기술을 농업의 생산, 가공, 유통, 소비 전반에 접목해서 원격 및 자동으로 작물의 생육 환경을 관리하고 생산 효율을 높일 수 있는 기술을 말한다.

스마트 농업은 정밀 농업, 스마트 팜으로 대표되는 스마트 온실과 가축 모니터링 등에 폭넓게 적용되고 있다. 정밀 농업은 더 적은 자원을 사용하고 생산 비용을 줄이면서 더 많은 작물을 생산하기 위해 농장에서 다양한 작물을 정밀하게 관리하는 기술 체계를 의미하며, 여기에는 작물 생산량 및 병충해 모니터링, 정밀관개기술, 재고 및 노무 관리 등을 포함한다. 원예 스마트팜은 냉난방 및 공조 관리, 작물 생산 관리, 물 및 비료 관리 등을 자동으로 제어하고 있으며, 최근에는 인공지능 기술을 적용하여 생육과 환경 변화에 실시간으로 대응하고 있다. 축산 스마트팜은 기상 변화 및 가축의 성장에 따라 축사 환경 조절을 최적화하며 착유 관리, 질병 관리, 유전자 관리, 동물 행동 관리 등을 포함하고 있다. 이 모든 사항을 효과적으로 통합하기 위해 클라우드 기반의 농장 관리 소프트웨어가 필수적이다.

인팜

스마트 농업계의 선두 기업 중의 하나인 독일 기반 스타트업 인팜 (Infarm)은 2021년 2월 23일 새로운 클라우드 기반 대형 재배 센터 (Infarm Growing Center, IGC) 설립을 발표하며 무서운 속도로 성장하고 있다.[1] 인팜은 이미 유럽과 북미 지역에 아마존 프레시, 까르푸, 메트로, 홀푸드 등 30개가 넘는 크고 작은 대형마트와 파트너십을 맺었을 뿐만 아니라 최근 일본까지 성공적으로 진출하며 승승장구하고 있다.

인팜은 도시에 사는 소비자에게 신선한 식자재를 제공하고 농작물이 농장에서 마트까지 운송되어 발생하는 여러 가지 문제를 해결하는 동시에 탄소 배출량을 줄이고자 수직형 실내 농장 유닛을 마

■ 대형 마트에 설치된 인팜 매장의 모습

자료: 인팜

트에 도입했다. 소비자는 마트 내에서 재배된 신선한 채소를 구입할 수 있으며, 통제된 실내에서 첨단기술로 환경을 인공적으로 조정하여 화학비료나 살충제를 전혀 사용하지 않아 더욱 친환경적이다.

2020년 코로나19 팬데믹으로 많은 스타트업들이 주춤하던 때도 인팜은 성공적으로 시리즈 C 투자를 유치하여 총 누적 자금이 3억 달러(약 3,000억 원) 이상으로 늘었다. 업계에서 가장 빨리 성장하고 잘 알려진 스타트업인 데다, 여러 가능성과 함께 스마트 농업계의 유니콘이 될 수 있을지 주목받고 있다.

인팜이 이번에 새롭게 선보이는 IGC는 6주 만에 건립이 가능하

■ IGC 시스템의 장점

특징	내용
자동 모니터링	농작물이 재배되는 데 최적의 환경이 조성될 수 있는 이산화탄소, 온도, 불빛, pH와 재배 사이클을 자동으로 조정하고, 분석하며 모니터링할 수 있다. 예를 들어, 바질을 재배하는 데 사용된 재배환경 시스템이 모든 IGC 네트워크에 공유되어 동일하게 적용된다.
수자원 절약	한 시간마다 응축된 물 20리터를 재사용하여 매년 1,000만 리터 양의 물이 절약될 수 있도록 한다.
고효율 조명	업그레이드된 스마트 LED 조명은 에너지를 40% 절약하고 기존 에너지에 투자되는 금액 25%를 절감한다.

다. 기존에 있던 클라우드 기반 시스템을 확장하여 3,000평대 실제 농장에서 재배되는 농작물 양과 비슷한 양을 재배할 수 있게 하고, 농작물 생산과 유통 두 가지를 한곳에서 동시에 할 수 있도록 해서 기존 농업보다 400배나 더 효율적으로 생산을 가능하게 한다. 각 IGC는 12개의 모듈화된 수직 농업 유닛을 제공하며 매 유닛은 가로세로 10미터 × 18미터(약 7평) 크기의 공간을 차지한다. IGC에서 재배되는 모든 채소와 농작물은 클라우드 기반으로 자동화되어 관리된다.

인팜뿐만 아니라 대부분의 스마트 농업 업계에서 이미 IGC 시스템을 사용하고 있지만, 인팜은 이런 기술을 더 많은 양의 농작물이 재배될 수 있도록 개발하여 전 세계에 빠른 속도로 네트워크를 확장시키고 있는 것이 가장 눈에 띈다.

건설: 복합적인 건설 현장을 실시간으로 연결하다

건설업은 클라우드 도입이 가장 늦었던 산업 중의 하나였지만, 최근 클라우드 기반의 협업이 강조되면서 클라우드 도입이 가속화되고 있다. 대규모의 건설 프로젝트는 사업주, 건축 설계자, 주요 하청업자, 특수 기술 하청업자, 각종 엔지니어 등 다양한 팀들의 유기적 협력이 요구된다. 클라우드 기반의 건설 프로젝트 관리 소프트웨어는 이러한 복잡한 프로젝트의 효과적인 운영에 큰 도움이 된다.

■ **클라우드가 건설 프로젝트에 주는 효용**

항목	상세 내용
시간 절약	많은 건설 현장에서 건설 관계자들은 프로젝트 정보의 검색 및 각종 사소한 문제 해결을 하느라 많은 시간을 낭비하기 쉽다. 클라우드 기반 건설 프로젝트 관리 소프트웨어는 프로젝트의 모든 팀원들이 손쉽게 각종 문서를 검색하고 어느 장소에서나 접속해서 프로젝트 관련 사항을 업데이트할 수 있게 돕는다.
협업 지원	클라우드 기반 건설 프로젝트 관리 소프트웨어는 각 팀 간의 협업을 훨씬 부드럽게 한다. 모든 문서의 변경은 자동으로 추적되고, 각 팀장과 팀원은 각 이해 관계자로부터의 입력 및 업무 관련 진척 사항을 수시로 손쉽게 확인이 가능하다. 프로젝트 관련 주요 업데이트는 실시간으로 전달되고, 업데이트와 관련된 담당자는 바로 작업을 시작할 수 있다.
확장성	클라우드 기반 프로젝트 관리 소프트웨어의 독특한 장점은 확장성이다. 빠른 속도로 성장하는 건설회사의 경우, 확장이 용이한 클라우드 컴퓨팅의 특성을 활용하여 추가적인 사업 및 프로젝트를 어렵지 않게 기존 프로젝트 관련 시스템에 덧붙일 수 있다.
안정성	건설 현장에서 가장 중요한 클라우드 기반 시스템의 장점은 안정성이다. 모든 중요한 도면 및 문서는 클라우드에 안전하게 백업되므로 분실 우려가 없다. 고객 데이터, 재무 정보, 디자인 정보 및 기타 중요한 사항들은 클라우드 내에 존재하므로 설령 당신이 당신의 디바이스를 분실하더라도 다른 디바이스를 통해 바로 그 정보들에 접속 가능하기 때문에 프로젝트 진행에 차질이 없게 된다.

프로코어

프로코어(Procore)는 건설업계를 위한 클라우드 기반 프로젝트 관리 소프트웨어의 선두 주자 중 하나이다. 프로코어의 CEO 크레이그 코트만쉬는 자신의 집 레노베이션 프로젝트 관리를 위해 애플리케이션을 직접 만들었고 아예 이 비즈니스를 사업화해서 2002년에

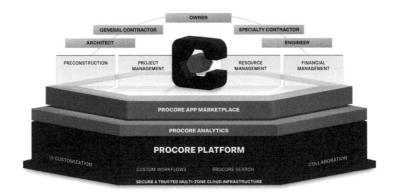

자료: 프로코어

창업했다.[2] 하지만 처음 몇 년간 회사는 기대만큼 성장하지 못했다. 건설업은 미국 경제의 10% 가까이를 차지하는 거대 산업이었지만, 그 당시에 건설 현장에선 인터넷이 거의 사용되지 않았기 때문이다. 아이폰이 나오기 전이었고 와이파이는 지금처럼 널리 퍼져 있지 않기도 했다. 게다가 2008년에 닥친 금융위기는 회사를 폐업 직전의 위기까지 몰아 넣었다. 프로코어의 직원은 단 5명만 남고 모두 해고됐지만, 코트만쉬는 포기하지 않았다.

2010년에 나온 아이패드는 프로코어 플랫폼에 딱 어울리는 디바이스였고, 건설 현장에서 널리 사용되기 시작한다. 소프트웨어 사용에 능숙한 인력들이 건설업에 진출하면서 프로코어는 급격한 성장을 시작했다. 2012년에 500만 달러였던 매출은 2020년에 80배 성장하여 4억 달러에 이르게 된다. 2021년에는 건설 전문 클라우드 소프트웨어 업체로는 최초로 뉴욕 증시에 상장했다.

현재 프로코어는 사전 건축단계의 입찰관리, 건설 프로젝트 일정 및 품질 관리, 교육 및 훈련 관리, 자원 관리, 프로젝트 회계 및 재무 관리에 이르는 건설 프로젝트의 전체 라이프 사이클을 지원하는 종합적인 솔루션 패키지를 제공한다.

온라인 교육: 언제 어디서든 누구나 교육받을 수 있도록

현재 미국 교육 혁신의 중심에는 무크(MOOC: Massive Open Online Courses)가 있다. 누구나 무료 혹은 아주 저렴한 가격으로 수강할 수 있는 온라인 과정을 의미한다. 무크는 새로운 기술을 습득하거나, 커리어를 발전시키거나, 관심 분야의 지식을 배우기 위한 아주 저렴하고 유연한 방법을 제공한다. 무크는 비싼 대학 교육과 달리 교육을 받고 싶어 하는 어느 누구에게나 열려 있기 때문에 모든 시민을 위한 민주적 교육 환경 제공이라는 의미에서 사회적으로 큰 의미가 있으며, 앞으로 다양한 분야로 계속 확대될 것으로 예상된다.

무크는 최대 수십 만 명에 이르는 수많은 수강생이 자유롭게 접속하기 때문에, 변동이 심한 컴퓨팅 자원을 다루는 데 최적화된 클라우드 기반 시스템이 유리하다. 가장 유명한 두 무크는 다음과 같다.

칸 아카데미

칸 아카데미(Khan Academy)는 살만 칸(Salman Khan)이 자신의 사촌에게 온라인으로 수학을 가르치면서 시작됐다. 처음엔 전화와 온라인으로 가르치다가 강의한 내용을 유튜브에 업로드하기 시작했고, 이것이 칸 아카데미로 발전했다.[3]

■ 칸 아카데미에서 다루는 다양한 교과 과정들

MATH: PRE-K - 8TH GRADE	MATH: HIGH SCHOOL & COLLEGE	SCIENCE	ARTS & HUMANITIES	READING & LANGUAGE ARTS
Up to 1st grade (Khan Kids)	Algebra 1	High school biology beta	US history	Up to 1st grade (Khan Kids)
2nd grade	Geometry	High school biology	AP®/College US History	2nd grade
3rd grade	Algebra 2	AP®/College Biology	US government and civics	3rd grade
4th grade	Trigonometry	High school chemistry beta	AP®/College US Government & Politics	4th grade
5th grade	Precalculus	AP®/College Chemistry beta	World History Project - Origins	5th grade
6th grade	Statistics & probability	AP®/College Chemistry	World History Project - 1750	6th grade
7th grade	AP®/College Calculus AB	High school physics beta	Art history	7th grade
8th grade	AP®/College Calculus BC	High school physics	AP®/College Art History	8th grade
See all Math	AP®/College Statistics	AP®/College Physics 1 beta	See all Arts & Humanities	9th grade
MATH: GET READY COURSES	Multivariable calculus	AP®/College Physics 1		See all Reading & Language Arts
Get ready for 3rd grade	Differential equations	AP®/College Environmental Science beta	ECONOMICS	
Get ready for 4th grade	Linear algebra	See all Science	Macroeconomics	LIFE SKILLS
Get ready for 5th grade	See all Math		AP®/College Macroeconomics	Social & emotional learning (Khan Kids)
Get ready for 6th grade		COMPUTING	Microeconomics	Careers
Get ready for 7th grade	TEST PREP	Computer programming	AP®/College Microeconomics	Personal finance
Get ready for 8th grade	SAT	AP®/College Computer Science Principles	See all Economics	Growth mindset
Get ready for Algebra 1	LSAT	See all Computing		See all Life Skills
Get ready for Geometry	Praxis Core			
Get ready for Algebra 2				

자료: 칸 아카데미

클라우드의 미래에 투자하라

칸 아카데미는 주로 초등학교–고등학교 수학, 과학, 영어, 경제학 및 인문학 교과과정을 다루며, 완전 무료이다. 개인별로 이해 정도에 따라 스스로 학습 진도를 조절할 수 있어서 개인화된 학습이 가능하다. 미국의 수많은 학생들이 가정 학습용으로 사용하고 있으며, 일선 학교에서도 학습 보조자료로 적극적으로 활용되고 있다. 칸 아카데미는 현재 구글 클라우드상에서 운영되고 있다.

코세라

코세라(Coursera)는 스탠퍼드 대학 컴퓨터과학 교수인 앤드류 응과 다프네 콜러에 의해 창업됐다.[4] 코세라는 스탠퍼드, 프린스턴, 미시간대학교 등 명문 대학과 제휴해서 각 대학의 수업을 상당히 저렴한 비용으로 온라인으로 제공한다. 과정을 이수할 경우 이수 증명서를 제공하고, 일부 과정의 경우 100% 온라인 학사 및 석사 학위도 제공된다. 최근에는 구글, 페이스북 등의 빅테크 기업과 제휴해서 취업에 도움을 줄 수 있는 전문 기술 증명서(Professional Certificate) 프로그램도 시작했다. 가장 인기 있는 과정은 데이터 과학, 컴퓨터 과학, 경영 관련 과정들이다. 코세라는 현재 AWS상에서 운영되고 있다.

디자인: 다양한 디자인 툴을
클라우드로 손쉽게 이용

그래픽 디자인 분야는 오랫동안 디자인 전공자 및 전문 디자이너들의 전유물이었다. 하지만 최근 들어 디자인 초보자들도 사용하기 쉽게 개발된 클라우드 기반 디자인 소프트웨어들이 쏟아져 나오면서 누구나 쉽게 생활 속에서 필요한 디자인을 직접 할 수 있는 시대가 열리고 있다. 이러한 소프트웨어들은 다양한 용도의 디자인 템플릿을 이미 내장하고 있어서 필요에 따라 적당한 템플릿을 가져다 쓸 수 있으므로 별도의 디자인 부서가 없는 작은 기업들이나 가정에서 간단한 디자인이 필요한 사람들은 디자인에 들어가는 시간과 비용을 상당히 절약할 수 있다.

캔바(Canva)는 이러한 흐름을 선도한 회사 중 하나이다. 멜라니 퍼

■ 캔바의 간편한 디자인 도구

킨스는 2013년에 오스트레일리아 퍼스에서 캔바를 창업했다. 처음에는 중고등학교 졸업 앨범을 만드는 서비스로 시작했고 곧 평범한 시민들을 위한 온라인 디자인 솔루션으로 사업 영역을 확장했다. 캔바의 강점은 아주 사용하기 쉽다는 점이다. 디자인 경험이 전혀 없는 사람들도 캔바를 활용하면 10분 만에 간단한 디자인을 뚝딱 완성할 수 있다. 현재 190여 개 국가에서 5,500만 명의 고객에 의해 사용되고 있으며 100개 이상의 언어를 지원한다.

캔바는 기본 디자인 소프트웨어는 완전 무료이고, 향상된 기능을 원하는 고객은 한 달에 10달러를 내고 프리미엄 버전을 구독할 수 있다. 고화질 이미지는 1달러에 살 수 있다. 2017년부터 흑자를 내고 있으며, 2018년에는 호주 최초의 유니콘(10억 달러 이상의 기업가치) 스타트업이 됐으며 2021년 150억 달러의 기업가치로 평가받았다. 클라우드 플랫폼은 AWS를 사용하고 있다.

법률 서비스: 보안은 물론 자동화 법률 서비스까지

법률 서비스 분야는 전통적으로 클라우드 도입이 느렸던 산업 중 하나이다. 보안이 중요한 법률 서비스의 특성상 클라우드상의 법률 데이터가 사이버 공격의 타깃이 될 수 있다는 우려 때문이다. 하지만 보안을 이유로 자체적으로 서버를 구축한 법률회사들도 사이버 공격을 받게 되면서, 보안에 취약할 수 있다는 가능성을 이유로 클라우드를 기피하던 법률회사들은 클라우드 전환을 시작했다.

게다가, 최근 팬데믹 상황에서 사무실을 떠나 원격으로 일하는 변호사 및 직원들이 늘어나고, 클라우드 보안 기술이 발전하며, 클라우드 기반의 법률 소프트웨어들이 많이 등장하면서 유연하고 확장성이 좋은 클라우드 시스템의 도입은 더욱 빨라졌다.

법률 클라우드 소프트웨어 분야의 유망주 회사로 CS 디스코(CS Disco)라는 회사가 있다. 이 회사의 CEO인 키위 카마라는 작은 로펌을 운영하는 변호사였는데, 변호사로 일하면서 증거를 찾기 위해 서류 검색을 하는 작업이 너무 힘들고 지루해서 그 작업을 자동화하는 소프트웨어를 만들게 됐고, 그것이 고객에게 좋은 반응을 얻자 운영하던 로펌을 접고 이디스커버리(eDiscovery)라고 불리우는 법률 자료 검색 소프트웨어 회사를 설립했다.[5]

그 이후에도 CS 디스코는 인공지능을 활용하여 각종 리뷰 과정을 가속화시킨 디스코 리뷰(Disco Review), 재판 준비 과정을 자동화해주는 디스코 케이스 리뷰(Disco Case Review)와 같은 제품들을 내놓으면서 로펌들의 소프트웨어 운영체제를 지향하는 종합적 법률 소프트웨어 솔루션 업체로 성장해왔다. 법률회사에서 일어나는 업무의 70%는 법률적 판단이 굳이 필요하지 않은 단순하고 반복적인 업무인데, CS 디스코의 제품들은 이러한 분야의 작업을 자동화함으로써 변호사들이 더 중요한, 법률적 판단이 요구되는 일에 시간과 노력을 쏟게 하는 것을 목표로 한다.

2021년 기준 미국의 200대 로펌 중 171개가 이 회사의 제품을 쓰고 있다. 팬데믹에도 불구하고 CS 디스코의 2020년 매출은 전년에 비해 40% 성장했으며, 2021년 7월에는 NYSE에 LAW라는 티커로 상장했다. 상장 첫날 40% 이상 폭등하면서 성공적인 마켓 데뷔를 했다.

교통: 물류 최적화 루트를 만드는 클라우드 솔루션

미국의 경우 국토가 워낙 넓어서 트럭에 의한 배송이 물류의 아주 중요한 부분을 차지한다. 미국의 고속도로를 달려보면 화물을 가득 싣고 달리는 컨테이너 트럭을 항상 볼 수 있다. 트럭에 의한 배송 물량이 상당히 많기 때문에, 트럭 배송의 경로와 물량 배분을 최적화하는 것이 물류 업체들에게는 매우 중요하다. 이러한 복잡한 최적화 문제를 실시간으로 해결해주는 클라우드 기반 소프트웨어 솔루션들이 최근에 나오면서 시장에서 좋은 반응을 얻고 있다.

미국에서 떠오르는 교통 최적화 솔루션 중의 하나는 키프트러킹 (KeepTrucking)이다. 키프트러킹은 유명 벤처 캐피탈인 코슬라 벤처스에서 기업용 기술 담당 벤처 캐피탈리스트였던 쇼아브 마카니에 의

■ 키프트러킹의 스마트 대쉬캠

자료: 키프트러킹

해 창립됐다. 이 회사가 관리하는 40만여 대의 인터넷에 연결된 트럭들은 미국 최대의 트럭 네트워크 중의 하나이다.

이 회사가 개발한 첨단 하드웨어와 소프트웨어들은 다양한 방법으로 트럭 운송을 최적화한다. 이 회사의 스마트 대쉬 카메라는 운전자의 시선을 분석하여 졸음 등으로 운전자의 집중이 저하될 경우 자동으로 경고음을 울려주어 사고를 예방한다. 실시간 GPS 추적기는 모든 트럭의 운행 경로를 실시간으로 추적하여 배송 경로 및 물량을 실시간으로 최적화하고 배달 지연 시 고객에게 실시간으로 알려줄 수 있도록 해준다. 그리고 인공지능 기반 연료 효율 최적화 프로그램은 운전자의 습관을 분석하여 연료 소비를 최적화하는 운전

패턴을 유도하고, 좋은 운전 습관을 보여주는 운전자에게 보상을 해준다.

키프트러킹은 첨단 최적화 솔루션의 도입률 증가 및 팬데믹으로 인한 이커머스 물동량 증가와 맞물려 2020년에 전년 대비 70%의 매출 성장을 기록하기도 했다.

요식업: 식당 관리부터
마케팅까지 클라우드로

　요식업은 세계에서 가장 큰 산업 중의 하나이다. 전 세계적으로 2,200만 곳, 미국에만 86만 곳의 식당이 있다고 한다. 미국의 연간 요식업 매출은 7,000억 달러로, 미국 GDP의 3%를 차지한다. 그리고 미국의 요식업 종사자는 1,000만 명이 넘는다.

　식당의 운영은 상당히 복잡하다. 일단 요리와 식자재 준비가 핵심이다. 그리고 코로나 시대에는 배달 및 테이크아웃 준비도 아주 중요해졌다. 식당이 규모가 커지면 예약 및 대기자 관리도 필요하다. 직원이 많아지면 임금 및 직원 혜택도 관리해야 한다. 그리고 경쟁이 치열한 산업이므로 마케팅에도 신경을 많이 써야 한다. 토스트(Toast)는 이 모든 것을 지원하는 클라우드 소프트웨어 플랫폼이다.

토스트는 2012년에 보스턴 출신의 세 명의 엔지니어 스티브 프레뎃(Steve Fredette), 아만 나랑(Aman Narang), 조나단 그림(Jonathan Grimm)에 의해 창업되었다. 그들은 자주 가던 술집에서 계산서 처리가 아주 느린 것을 보고 이 문제를 해결할 수 있는 모바일 기반 소프트웨어를 만들기로 결심한다. 이들의 경쟁 상대는 POS 시스템의 전통적 거인이었던 NCR과 같은 대기업이었지만, 세 엔지니어는 포기하지 않고 새로운 레스토랑용 결제 시스템을 개발한다. 보스턴 지역에서 조금씩 고객을 늘려 나가던 토스트는 2015년에 벤처 캐피탈의 투자를 받으면서 결제 시스템 전문 회사에서 종합적 레스토랑 운영 소프트웨어 회사로 사업을 확장한다.[6]

새로운 소프트웨어가 레스토랑들로부터 좋은 피드백을 받으면서 토스트의 사업은 급속도로 확장된다. 2015년에 수백만 달러 규모였던 매출이 2019년에는 6억 달러 규모로 성장했다. 2020년 2월에는 4억 달러의 추가 투자를 받았고, 이때 기업가치는 50억 달러로 평가받으면서 주목받는 대형 유니콘 대열에 합류한다. 하지만 2020년 3월에 팬데믹이 터지면서 전국의 레스토랑이 거의 영업을 하지 못하게 되자 토스트도 큰 타격을 받는다. 3월의 월간 매출은 전월 대비 80%나 하락했다. 어쩔 수 없이 토스트는 직원의 절반인 1,300명을 해고하기에 이른다.

하지만 토스트는 위기를 기회로 삼아 테이크아웃과 모바일 예약

■ 토스트의 식당 내 모바일 결제 시스템

자료: 토스트

주문, 실외 식사 지원 등의 기능을 강화한 새로운 버전을 내놓는다. 토스트의 비대면 모바일 결제 시스템은 팬데믹 시대에 큰 주목을 받게 되었다. 레스토랑들이 다시 개장을 시작하면서 토스트의 매출은 다시 증가했고, 2020년 전체 매출은 2019년 매출을 추월했다.

토스트는 이 여세를 몰아 2021년에도 성장을 지속했고, 2021년 9월에는 NYSE에 상장하게 된다. 상장 첫날 종가 기준으로 기업가치는 자그마치 310억 달러를 기록했다.

자동차 수리: 진화된
토탈 솔루션을 제공하다

1908년에 포드의 최초 대량생산 자동차인 모델 T가 나온 이후로, 자동차 수리의 역사도 함께 시작되었다. 미국의 자동차 업계가 연간 신차 판매량 1,500만 대 이상의 규모로 성장하면서 자동차 수리 업계도 그에 맞춰 엄청난 성장을 거듭했지만, 대부분의 로컬 자동차 수리 업체들은 1990년대에 개발된 구식 소프트웨어를 아직도 사용하고 있다.

다른 업계와 마찬가지로, 자동차 수리 업체를 이용하는 고객들도 보다 진화된 디지털 서비스를 요구하고 있고 이에 따라 클라우드 기반 자동차 수리 서비스 운영 솔루션들도 시장에 등장하고 있다.

대표적인 자동차 수리 클라우드 솔루션 중의 하나는 샵몽키

■ 샵몽키의 자동차 수리 워크플로우 솔루션

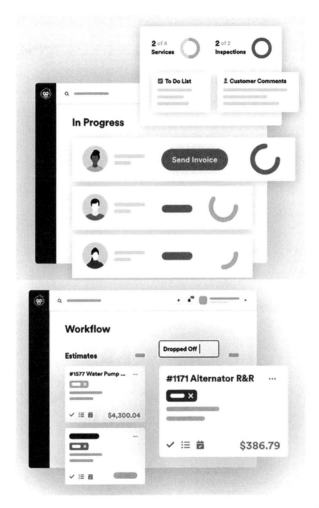

자료: 샵몽키

(ShopMonkey)이다. 샵몽키는 실리콘밸리의 다양한 회사에서 프로덕트 매니저 경력이 있는 아숏 이스칸다리안(Ashot Iskandarian)에 의해 2016년에 설립되었다. 이스칸다리안은 자동차 수리 업계에서 사용되는 소프트웨어 솔루션이 낙후되어 있는 것에 착안해 클라우드 기반의 현대적 자동차 수리업체 운영 솔루션을 개발했다.[7]

이 회사의 워크플로우 솔루션은 드래그-앤-드롭 방식으로 간편하게 작업을 관리할 수 있도록 설계되어 있으며, 작업 가능 분량에 맞춰서 효율적으로 작업 스케줄을 작성할 수 있도록 도와준다. 그리고 고객에게 바로바로 작업 상황 진척에 대해 연락할 수 있는 기능도 갖추고 있다.

샵몽키는 2021년에 7,500만 달러 규모의 시리즈 C 펀딩을 유치했으며, 2022년 현재 2,500개 이상의 자동차 수리 사업장에서 사용되고 있다.

클라우드의 미래에 투자하라

이발소: 미국 내
수많은 이발소를 연결하다

이발소 산업의 크기는 전용 소프트웨어를 팔기에는 너무 작은 게 아닐까? 그렇지 않다. 미국에만 이발소가 자그마치 11만 개가 있다고 한다. 송지 라론과 데이브 살란트는 그 시장을 파고들기로 결심하고 2015년에 이발소 운영 클라우드 기반 솔루션 기업인 스콰이어 테크놀로지를 창업한다.

하지만 기업 변호사 출신 라론과 금융회사 출신 살란트는 이발소 운영에 대해 잘 알지 못했다. 스콰이어의 초기 솔루션은 예약 자동화에 중점을 두었다. 그들은 뉴욕 맨하탄의 이발소들을 돌아다니며 열심히 팔았지만 그들의 소프트웨어는 잘 사용되지 않았다. 예약은 여전히 전화 위주로 이루어지고 그것 때문에 이중 예약이 이루어지

기 일쑤였다. 이발소 주인들은 스콰이어의 소프트웨어가 이발소 운영에 별로 도움이 안된다고 불평했다.[8]

라론과 살란트는 결단을 내렸다. 그들 수중에 있던 6만 달러의 현금 중 3분의 1인 2만 달러를 털어서 맨하탄 첼시 마켓에 있던 이발소 임대 계약을 체결하고 이들 스스로 이발소를 운영해보기로 한 것이다. 이것은 초기 스타트업으로서는 상당한 모험이었지만, 그들은 이 경험을 통해서 이발소 운영 소프트웨어에서 무엇이 필요한지를 배울 수 있었고 그것을 소프트웨어에 반영했다. 예를 들어, 미국

■ 스콰이어 앱 화면

자료: 스콰이어

클라우드의 미래에 투자하라

에선 많은 경우 개인 이발사들이 이발소에서 이발 의자를 임대해서 개인 사업을 하고 있고 가격도 각자 정한다. 스콰이어의 소프트웨어는 이 다소 복잡한 프로세스를 손쉽게 처리할 수 있도록 구현했다.

라론과 살란트는 사업에 자신감을 얻고 유명한 스타트업 액셀러레이터 프로그램인 Y 콤비네이터에 지원했다. 하지만 벤처 캐피탈리스트들은 이발소 대상 소프트웨어의 시장성에 의문을 제기하며 스콰이어를 받아들이지 않았다. 두 번째 지원에서도 떨어졌으나, 이들은 포기하지 않고 사업 계획을 다듬어 세 번째 지원하고 결국 합격했다.

2020년, 갑자기 몰아닥친 팬데믹의 여파로 대부분의 이발소가 몇 달 동안 문을 열지 못하게 되었다. 이발소들의 어려움을 이해한 스콰이어는 몇 달 동안 월간 이용료를 면제해주었다. 그럼에도 불구하고 스콰이어는 2020년에 400만 달러의 매출을 올렸다. 2021년에는 상황이 좋아져서 이발소들의 영업이 재개되었고 매출은 1,200만 달러를 기록했다. 7월에는 타이거 글로벌로부터 투자를 받았고 이때 기업가치는 7억 5,000만 달러로 평가되어 유니콘(기업가치 10억 달러 이상의 스타트업) 등극을 눈앞에 두게 되었다.

유치원: 우리 아이를 더욱 가까이 실시간으로 지켜보다

어린 아이들을 돌보는 유치원은 전통적으로 최신 테크놀로지의 도입이 늦은 편이었다. 기술보다는 유치원 교사와 아이들 간의 관계가 중요시되는 환경이기 때문이다. 하지만 유치원 운영을 도와주는 소프트웨어들이 최근에 많이 생겨났다. 여기서는 브라이트휠(Brightwheel)이라는 스타트업을 소개한다.

2014년에 창립된 브라이트휠은 유치원의 운영을 도와주고 학부모들과의 커뮤니케이션도 제공하는 클라우드 기반 종합 유치원 관리 소프트웨어이다. 브라이트휠을 통해 유치원은 출석을 점검하고 학습 진도를 체크하며 학원비 수납도 가능하다. 이러한 시간이 많이 가는 작업들을 자동화함으로써 유치원 교사들은 상당한 시간을

■ 브라이트휠의 모바일 버전 화면

자료: 브라이트휠

절약할 수 있다. 학부모들은 브라이트휠을 통해 수시로 올라오는 아이들의 사진과 비디오를 보면서 아이들이 어떻게 지내는지 파악할 수 있다.

브라이트휠이 유명해진 계기는 미국의 유명 스타트업 피치 TV 프로그램인 〈샤크 탱크〉에 출연한 것이었다. CEO인 데이브 바센은 4분이라는 짧은 시간에 다양한 사례를 들어가며 브라이트휠 솔루션의 장점을 명확하게 설명하면서 투자를 받아내는 데 성공한다(회사 지분의 6.66%로 60만 달러) 그 이후로 브라이트휠은 꾸준히 성장하여 2017년에는 1,000만 달러 투자 유치에 성공한다. 2018년에는 마크 저커버그를 포함한 투자자들로부터 2,100만 달러의 투자를 받는다.

2021년에는 다시 5,500만 달러의 투자를 받고 6억 달러의 기업가치를 평가받았다.[9]

브라이트휠은 현재 미국 내 2,500여 개의 유치원에서 사용되고 있으며, 유치원 교사를 비롯한 사용자와 학부모들로부터 상당히 좋은 평가를 받고 있다. 애플 앱스토어에서 평점 5점 만점에 4.9점을 기록하고 있으며 2만 개의 리뷰가 있다.

각종 가정용 수리 서비스: 토탈 컨트랙터 서비스를 제공하다

미국의 가장 보편적인 주거 형태는 아파트가 아니라 단독주택이고, 단독주택은 아파트에 비해서 각종 수리 요구사항이 훨씬 많이 발생한다. 따라서 주택의 각종 수리를 대행해주는 업체들이 수십만 곳이 존재한다. 이들 업체에서 일하거나 단독으로 일하는 서비스 기술자는 300만 명 이상으로 추산된다. 이들 업체는 대부분 소규모라서 수기 혹은 엑셀 스프레드시트 정도로 운영이 관리되고 있었다. 하지만 최근 들어 이 시장을 파고드는 소프트웨어 업체들이 생겨나고 있다.

가정용 수리업체(미국에선 주로 '컨트랙터'라고 부른다) 운영 서비스 소프트웨어의 선두 주자는 서비스타이탄(Servicetitan)이다. 서비스타이탄은 아르메니아 혈통의 두 이민자 자녀인 아라 마데시안(Ara Mahdessian)과 바헤 쿠조얀(Vahe Kuzoyan)에 의해 2012년에 창립되었다. 두 창업자의 부모는 미국으로 이민을 와서 상하수도 관련 수리 업종에 종사하면서 자녀들을 키웠고, 마데시안과 쿠조얀은 가정용 수리 서비스 사업에 대해 잘 이해하고 있었다. 그들의 부모는 사업에 사용할 만한 소프트웨어가 없는지 그들에게 조언을 구했고, 마땅한 소프트웨어가 없음을 알게 된 마데시안과 쿠조얀은 의기 투합해서 소프트웨어 업체를 설립하게 된다.[10]

서비스타이탄은 마케팅에서 운영, 재무에 이르는 가정용 서비스 사업의 전체 사이클을 효과적으로 지원한다. 예를 들어, 가정용 서비스의 중요한 초기 단계인 서비스 기술자 파견의 경우 고객의 주소에서 가장 가까운 곳에 있는 가용 인원에게 자동으로 서비스 호출 연락이 가게 된다. 파견된 기술자는 고객의 집에 도착해서 발생한 문제의 사진을 서비스타이탄 앱을 통해 시스템에 업로드하고 필요한 경우 본사의 지원을 신속하게 받을 수 있다. 또한 각종 서비스 상황과 비용 및 매출은 리포팅 화면을 통해 경영진에게 알기 쉽게 공유된다.

서비스타이탄은 냉난방 및 상하수도 서비스 운영 소프트웨어로 시작했지만 곧 전기, 조경, 병충해 예방 등의 다양한 분야로 확장하며 사세를 키워나갔다. 2021년에는 고객 수가 7,500명을 돌파했고

클라우드의 미래에 투자하라

■ 서비스타이탄의 서비스 기술자 파견 시스템 화면

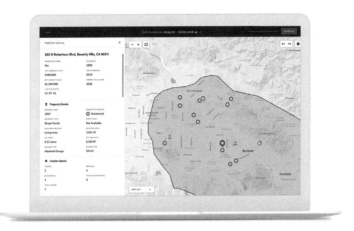

등록된 기술자는 10만 명을 넘겼다. 매출은 2억 5,000만 달러를 기록했고, 100억 달러 가까운 가치평가를 받았다.

미용실 및 뷰티 서비스: 다양한 뷰티 솔루션을 제공하다

미국의 여성들도 한국의 여성들과 마찬가지로 미용에 대한 관심이 아주 높다. 미국 전역에 미용실만 20만 개가 넘는다고 하고, 미용실에서는 헤어뿐만 아니라 피부 관리, 손톱 관리 등의 다양한 뷰티 서비스를 함께 제공하는 경우가 많다.

2016년에 골드만 삭스 애널리스트 줄신의 대니엘 코헨-쇼헷(Danielle Cohen-Shohet)이 창업한 글로스지니어스(GlossGenius)라는 기업은 각종 미용 서비스 사업자를 위한 클라우드 기반 운영 소프트웨어를 제공한다.

글로스지니어스는 따로 영업 조직을 두지 않고 거의 입소문을 타고 성장했다.[11] 처음에는 미용실 및 개인 미용 전문가들의 운영을 위

■ 글로스지니어스 화면

한 소프트웨어에 집중했고, 최근에는 전용 신용카드 리더를 이용한 페이먼트 기능까지 추가하며 사업 영역을 넓혀 가고 있다.

글로스지니어스는 수만 명의 미용실 및 뷰티 사업자 고객이 사용하고 있으며, 총 결제 금액은 10억 달러를 돌파했다. 2021년 11월에는 쇼피파이 CEO 토비아스 루트키를 비롯한 저명 창업가들과 베세머 벤처 파트너스를 비롯한 벤처 캐피탈로부터 1,640만 달러 규모의 시리즈 A 투자를 받았다.

주식에 투자하는 기본적인 방법은 개별 주식에 직접 투자하는 것이지만, 간접적인 방법도 있다. 여러 주식에 골고루 투자하는 뮤추얼펀드나 ETF(Exchange-traded Fund)에 투자하는 것이다. 상장지수펀드라고도 불리는 ETF는 주식처럼 거래되는 펀드이다. 종가로만 거래되는 뮤추얼펀드와 달리 ETF는 장중 어느 때나 실시간 가격으로 거래가 가능하다. 그리고 뮤추얼펀드와 비교해서 상대적으로 수수료가 저렴한 편이다. ETF 투자의 장점은 여러 개의 회사에 분산 투자하기 때문에 일부 주식에 직접 투자하는 것에 비해 상대적으로 안정성이 뛰어나다. 그리고 특정 투자 주제에 관심이 있는 경우 그 주제를 다루는 ETF에 투자하면 된다. 여기서는 클라우드 업체들을

다루는 클라우드 ETF와 메타버스 업체들을 다루는 메타버스 ETF
를 살펴본다.

1. 클라우드 ETF

클라우드처럼 새로운 회사들이 계속 상장되는 산업의 경우 신규

■ 대표적인 클라우드 ETF 비교

ETF명	Global X Cloud Computing ETF	Wisdom Tree Cloud Computing Fund	First Trust Cloud Computing ETF
티커	CLOU	WCLD	SKYY
설립 연도	2019	2019	2011
펀드 규모	12.7억 달러	11.4억 달러	59.6억 달러
수수료	0.68%	0.45%	0.60%
Top 10 종목	Dropbox Zscaler Shopify Zoom Video Salesforce Akamai Digital Realty Trust Twilio Proofpoint Netflix	Box Proofpoint Dropbox Mimecast Limited Adobe Cloudflare New Relic Domo Qualys Salesforce	Oracle Arista Networks Alphabet (Class A) VMware Microsoft Amazon Lumen Technologies Rackspace Alibaba Akamai
펀드 구성 회사 수	약 35개	약 60개	약 80개

기업 투자를 위한 업계 트렌드를 따라가기 어려운데, 클라우드 ETF의 경우 새롭게 상장되는 업체들 중 유망한 종목들을 계속 편입시키기 때문에 새로운 클라우드의 동향이 곧 바로 반영되는 장점이 있다.

대표적인 클라우드 ETF는 아래 3가지가 있다. First Trust Cloud Computing ETF는 역사가 가장 오래되고 운용 규모도 가장 크다. 미래에셋의 Global X Cloud Computing ETF는 스토리지, 보안, 커뮤니케이션 등 특정 클라우드 기술에 강점이 있는 회사 위주로 구성되어 있다. Wisdom Tree Cloud Computing Fund는 주로 클라우드

■ 세 ETF의 지난 5년간 수익률 비교(2022년 4월 1일 기준)

Global Colud co...	$22.30	+$7.52	↑ 50.88%		
WisdomTree Cloud...	$41.44	+$16.12	↑ 63.67%	✕
First Trust Cloud C...	$91.55	+$53.28	↑ 139.22%	✕

자료: 구글 파이낸스

소프트웨어 회사 위주로 구성되어 있으며, 세 개의 ETF중 수수료가 가장 저렴하다.

2. 메타버스 ETF

2021년을 기점으로 메타버스가 유망한 투자 키워드로 떠오르면서, 이에 발맞춰 메타버스 관련 주식으로 이루어진 ETF들이 생

■ 대표적인 메타버스 ETF 비교

ETF명	Roundhill Ball Metaverse ETF	Fount Metaverse ETF
티커	METV	MVTR
설립 연도	2021	2021
펀드 규모	7.8억 달러	1,200만 달러
수수료	0.59%	0.70%
Top 10 종목	Meta Platforms Nvidia Microsoft Roblox Unity TSMC Snap Apple AmazonQualcomm	Apple Alphabet Meta Platforms Oriental Land Sega Disney Pearlabyss Kakao Games Ntes Activision Blizzard
펀드 구성 회사 수	약 45개	약 49개

기기 시작했다. 가장 대표적인 메타버스 ETF는 Roundhill Ball Metaverse ETF이다. 메타버스 관련 미국 대형주 위주로 구성되어 있다. 2021년 말경에 출시된 Fount Metaverse ETF는 메타버스 관련 게임회사 위주로 구성되어 있으며, 한국의 카카오게임즈도 상위 10대 종목에 포함시켰다. 이 외에도 미국의 대표적인 펀드/ETF 운용사 중 하나인 피델리티도 2022년에 메타버스 ETF를 출범시킬 것으로 알려졌다.

맺는 말
클라우드가 열어가는
무한한 비즈니스 확장에 주목하라

코로나19 백신으로 세계적으로 유명해진 제약회사인 모더나의 CEO 스테판 뱅슬은 "생명을 구하는 소프트웨어"라고 부르는 백신 개발 소프트웨어를 제작하기 위해 퍼블릭 클라우드상에서 mRNA(메신저 리보핵산) 연구개발 플랫폼을 구현하기로 결정했다. 그는 백신의 발견 및 개발을 가속화하기 위한 수단으로 클라우드를 사용했다. 코로나19가 전 세계를 강타했을 때, 이 전략은 아주 효과적임이 판명되었다. 클라우드의 도입 덕분에, 모더나는 신속하게 약품 디자인 연구 실험을 설계하고 자동화된 연구실과 생산 시설을 가동할 수 있는 위치에 있었다.

모더나는 자체 개발한 웹 기반 소프트웨어인 제약 설계 스튜디오

(Drug Design Studio)를 단백질 타깃에 대한 mRNA 서열을 분석하고 신속하게 설계하기 위한 데이터 분석 및 저장 인프라로서 클라우드를 적극적으로 활용했다. 모더나의 과학자들과 엔지니어들은 동시에 진행되는 복수의 실험으로부터의 인사이트를 통합하고 설계와 생산 사이클을 신속하게 수정하기 위해 클라우드를 활용한 데이터 웨어하우징 서비스를 활용한 것이다. 클라우드 기술의 적극적 활용은 복잡한 컴플라이언스 프로세스를 자동화하는 것을 도와주었고, 그 덕분에 모더나는 첫 번째 백신 후보 물질(mRNA-1273)을 바이러스의 염기서열이 밝혀진 뒤 단 42일 만에 미국 국립 보건원에 제출하는 놀라운 기록을 세운다.

많은 기업들은 클라우드의 효용을 직접 체험하기 시작했다. 클라우드는 개발 속도를 향상시킬 수 있는 능력과 거의 무한대의 확장성을 제공하기 때문에, 혁신과 디지털 트랜스포메이션의 중요한 촉매 역할을 한다. 모더나의 성공은 클라우드가 가능하게 하는 비즈니스 기회를 잘 보여주지만, 이것은 클라우드가 가져다줄 미래의 빙산의 일각일 뿐이다. 컨설팅회사 맥킨지는 클라우드가 포천 500대 기업에 가져다주는 추가적인 연간 비즈니스 가치가 2030년에 1조 달러에 달할 것이라고 추정했다.

이 책에서 여러 번 설명했듯이, 클라우드는 다양한 산업에서 혁신을 주도하고 있다. 그 혁신의 열매는 주가로 표현되는 기업 가치의 증가로 연결이 될 수밖에 없다. 클라우드는 IT의 혁신을 넘어서 비즈니스의 혁신을 이끄는 키워드가 되어가고 있다. 더 늦기 전에, 클라우드의 미래에 본격적으로 투자하라.

미주

1장

1 Jeff Bezos to Step Down as Amazon CEO

https://www.nytimes.com/2021/02/02/technology/jeff-bezos-amazon.html

2 10 Things to Know About Satya Nadella, Microsoft's New CEO

https://time.com/4014/satya-nadella/

2장

1 Amazon S3 - 566 Billion Objects, 370,000 Requests/Second, and Hiring!

https://aws.amazon.com/blogs/aws/amazon-s3-566-billion-objects-370000-requestssecond-and-hiring/

3장

1 A Look Back At Ten Years Of Microsoft Azure

https://www.forbes.com/sites/janakirammsv/2020/02/03/a-look-back-at-ten-years-of-microsoft-azure/?sh=6bdc2f684929

클라우드의 미래에 투자하라

2 Ray Ozzie Memo: The Internet Service Disruption

http://scripting.com/disruption/ozzie/TheInternetServicesDisruptio.htm

3 An Annotated History of Google's Cloud Platform

https://medium.com/@retomeier/an-annotated-history-of-googles-cloud-platform-90b90f948920

4장

1 Personal Cloud Market Insights - 2027

https://www.alliedmarketresearch.com/personal-cloud-market#:~:text=The%20personal%20cloud%20market%20size,have%20adopted%20the%20BYOD%20trend

2 Cloud Data Warehouse: Snowflake vs BigQuery vs Synapse vs Redshift

https://medium.com/@rinkesh.pati/cloud-analytics-at-scale-with-cloud-data-warehouse-a-look-at-the-top-players-cd5590a96a38

3 Alteryx analytics one click away in Snowflake

https://www.alteryx.com/partners/alteryx-alliance/snowflake

4 Types of cloud monitoring

https://www.netapp.com/knowledge-center/what-is-cloud-monitoring/

5 Cloud Gaming Market Size Worth $7.24 Billion By 2027 | CAGR: 48.2%: Grand View Research, Inc.

https://www.prnewswire.com/news-releases/cloud-gaming-market-size-worth-7-24-billion-by-2027--cagr-48-2-grand-view-research-inc-301220945.html

6 Roblox is getting kids' attention. Next stop, investors https://qz.com/1949710/roblox-is-getting-kids-attention-next-stop-an-ipo/

7 The History Of Roblox : From 2004 Until Now
https://techstory.in/the-history-of-roblox-from-2004-until-now/

8 Docusign: The History of Innovation and Agreements
https://www.docusign.com/blog/nationalsigningday

9 From Broke To Billionaire: How Fred Luddy Built The World's Most Innovative Company
https://www.forbes.com/feature/innovative-companies-service-now/#6dfa08fec603

10 The Wizard Of Apps: How Jeff Lawson Built Twilio Into The Mightiest Unicorn
https://www.forbes.com/sites/miguelhelft/2016/09/14/the-wizard-of-apps-how-jeff-lawson-turned-twilio-into-the-mightiest-unicorn/?sh=4003141cb580

11 Zoom, Zoom, Zoom! The Exclusive Inside Story Of The New Billionaire Behind Tech's Hottest IPO
https://www.forbes.com/sites/alexkonrad/2019/04/19/zoom-zoom-zoom-the-exclusive-inside-story-of-the-new-billionaire-behind-techs-hottest-ipo/?sh=dbf99754af12

12 About Workday: Our story
https://www.workday.com/en-gb/company/about-workday/our-story.html

13 History of Atlassian — An Unusual Tech Titan
https://medium.com/@nextupai/history-of-atlassian-an-unusual-tech-

클라우드의 미래에 투자하라

titan-fdf3fcecae4e

14 Veeva: The Biggest Vertical SaaS Success Story of All Time
https://www.saastr.com/veeva-biggest-vertical-saas-success-story-
time-video-transcript/

15 The story of UiPath - How did it become Romania's first unicorn?
https://business-review.eu/news-ro/the-story-of-uipath-how-it-
became-romanias-first-unicorn-164248

5장

1 InFarm - Indoor Urban Farming / Visualization
https://xoio.de/en/infarm-indoor-urban-farming-visualization/

2 How Procore Built The Cloud's Hottest Unicorn By Bringing Software
To Low-Tech Construction Sites
https://www.forbes.com/sites/alexkonrad/2018/09/12/how-procore-
built-the-clouds-hottest-unicorn-bringing-software-to-low-tech-
construction-sites/?sh=28911d1a575a

3 What is the history of Khan Academy?
https://support.khanacademy.org/hc/en-us/articles/202483180-What-
is-the-history-of-Khan-Academy-

4 Online Education Provider Coursera Is Now Worth More Than $1 Billion
https://www.forbes.com/sites/susanadams/2019/04/25/online-
education-provider-coursera-is-now-worth-more-than-1-
billion/?sh=2d6a3f3130e1

5 Meet The Disruptors: Kiwi Camara of 'DISCO' On The Three Things You

Need To Shake Up Your Industry

https://www.cnbc.com/2021/09/25/toast-built-a-30-billion-business-by-defying-silicon-valley-vcs.html

6 Toast built a $30 billion business by defying Silicon Valley and surviving a 'suicide mission'

https://medium.com/authority-magazine/meet-the-disruptors-kiwi-camara-of-disco-on-the-three-things-you-need-to-shake-up-your-industry-c0b450feef5a

7 Shopmonkey: Transforming the $500B Auto Repair Market

https://www.indexventures.com/perspectives/shopmonkey-transforming-500b-auto-repair-market/

8 How A Corporate Lawyer And A Finance Guy Ditched The Rat Race To Build A $750 Million Barbershop App

https://www.forbes.com/sites/amyfeldman/2021/10/29/how-a-corporate-lawyer-and-a-finance-guy-ditched-the-rat-race-to-build-a-750-million-barbershop-app/

9 BrightWheel Shark Tank Update

https://seoaves.com/brightwheel-shark-tank-update/

10 ServiceTitan, Software Provider For Tradespeople, Reaches $8.3 Billion Valuation

https://www.forbes.com/sites/alexkonrad/2021/03/26/servicetitan-software-provider-for-tradespeople-reaches-85-billion-valuation/?sh=408aef041917

11 GlossGenius closes on $16.4M to serve as a 'business in a box' for the beauty and wellness industry

클라우드의 미래에 투자하라

https://techcrunch.com/2021/11/16/glossgenius-closes-on-16-4m-to-serve-as-a-business-in-a-box-for-the-beauty-and-wellness-industry/

클라우드의
미래에 **투자**하라

1판 1쇄 인쇄 | 2022년 5월 20일
1판 1쇄 발행 | 2022년 5월 27일

지은이 조종희, 최중혁
펴낸이 김기옥

경제경영팀장 모민원 기획 편집 변호이, 박지선
커뮤니케이션 플래너 박진모
경영지원 고광현, 임민진
제작 김형식

디자인 제이알컴
인쇄 · 제본 민언프린텍

펴낸곳 한스미디어(한즈미디어(주))
주소 04037 서울특별시 마포구 양화로 11길 13(서교동, 강원빌딩 5층)
전화 02-707-0337 | 팩스 02-707-0198 | 홈페이지 www.hansmedia.com
출판신고번호 제 313-2003-227호 | 신고일자 2003년 6월 25일

ISBN 979-11-6007-812-1 13320